Joachim Nierhoff

# Sagen aus dem alten Vest Recklinghausen

Die schönsten Geschichten und Legenden

SUTTON HEIMAT

**Impressum**
Sutton Verlag GmbH
Hochheimer Straße 59
99094 Erfurt

www.suttonverlag.de

ISBN: 978-3-95400-923-7
Druck: Florjančič Tisk d.o.o. / Slowenien



**Vorsatz**: Das Naturschutzgebiet Westruper Heide weist eine beachtliche Flora und Fauna auf.
**Seite 2**: Herbstlicher Wald in der Nähe von Herten.
**Nachsatz**: Sonnenuntergang in Castrop-Rauxel.

**Bildnachweis**
Martin Kurowski: S. 101; Shutterstock/BerndBrueggemann: S. 12, 42; Shutterstock/Bildagentur Zoonar GmbH: S. 57, 72, 105; Shutterstock/Bruno Sommerfeld: S. 65; Shutterstock/Chris Hoff: S. 4; Shutterstock/Dani Vincek: S. 8/9; Shutterstock/Denis Belitsky: Einband vorn; Shutterstock/Jule_Berlin: S. 119; Shutterstock/kwhw: S. 116; Shutterstock/lichtmaster: Vorsatz, S. 69; Shutterstock/MagicPitzy: S. 86, 91; Shutterstock/mekcar: S. 93; Shutterstock/Mpaniti: S. 77; Shutterstock/riekephotos: S. 2/3, 32, 60; Shutterstock/Tobias Arhelger: Einband hinten; Shutterstock/suehling: S. 37, 46, 49, 50, 80; Shutterstock/Traveller70: S. 111.
Alle anderen Bilder stammen vom Autor.

# Inhalt

# Vorwort

Am westlichen Rand Westfalens, an der Grenze zum Rheinland, lag zwischen Emscher und Lippe das alte Vest Recklinghausen. Unter kölnischer Herrschaft seit der sogenannten Schwertmission Karls des Großen, waren die Erzbischöfe von Köln die bestimmende geistliche und weltliche Macht in dem Gerichtsbezirk. Durch die sumpfige Emscherzone und die sich nach Norden anschließenden Wälder und Heidelandschaften gehört der westliche Teil des Vests mit seinen kargen Böden nicht zu den bevorzugten Ackerbaugebieten Westfalens. Im östlichen Bereich hingegen konnte vermehrt Getreide angebaut werden. Die bedeutendste Verkehrsverbindung führte entlang der Lippe – eine Route, die schon die Römer auf ihren Feldzügen genutzt hatten, wie auch Jahrhunderte später die Franken bei der Unterwerfung der Sachsen. War die Verkehrsverbindung entlang der Lippe im Mittelalter ein bedeutender Handelsweg in West-Ost-Richtung, so will die 295 Kilometer lange Römer-Lippe-Route zwischen Detmold und Xanten heute mit dem Fahrrad erobert werden.

Natürlich kann von den vielen Überlieferungen aus dem alten Vest Recklinghausen nur eine begrenzte Auswahl in dieser Sagensammlung berücksichtigt werden. Jede einzelne Sage wurde gründlich recherchiert, soweit dies heute noch möglich ist. Die Formulierungen entsprechen unserem jetzigen Sprachgebrauch, da ältere Texte oft Ausdrücke und Redewendungen gebrauchen, die heute nicht mehr zeitgemäß erscheinen. Um den Leser über geschichtliche, soziale und manchmal auch rechtliche Hintergründe zu informieren, habe ich bei einigen Erzählungen Erläuterungen hinzugefügt oder in die Erzählung eingeflochten. Die Bilder sollen – soweit wie möglich – die sagenhaften Orte vorstellen. Sie zeigen aber auch moderne Industriedenkmäler, die zur Region gehören.

Die Gliederung des Buches wurde anhand der Städte im heutigen Kreis Recklinghausen sowie der ehemals zum Vest gehörenden Ortschaften und Kirchspiele erstellt, die sich im Zuge der Industriellen Revolution zu Großstädten entwickelten. Schwerpunkte sind Bottrop und die nördlichen Stadtteile Gelsenkirchens, wobei das Schloss Horst an der Emscher kulturell eine besondere Rolle spielt.

Thematisch bietet das vorliegende Buch eine Vielzahl bekannter Sagenstoffe und -motive. Am bekanntesten sind die Rittersagen, die oft auch einen historischen Kern haben. Da die Protagonisten als Adelige oft auch das Land beherrschten und mit dem politischen und wirtschaftlichen Erstarken der Städte nicht Schritt halten

*Das Vest Recklinghausen ist eine Region voller mystischer Orte.*

konnten, verloren sie häufig ihre eigentliche Aufgabe, die Bevölkerung zu schützen, verarmten und versuchten ihren oft aufwendigen Lebensstil durch Raub und Gewalt zu finanzieren. Im hohen Mittelalter noch oft als tapfer und edelmütig dargestellt, sanken sie im Laufe der Jahrhunderte zu Raubrittern und Schnapphähnen herab. Allerdings bescheren sie uns einen reichen Sagenschatz, in dem nicht selten edle Jungfrauen und Prinzessinnen, Feuer speiende Drachen, Schloss- und andere Geister vorkommen. Burgruinen, mit meist unterirdischen Gängen, verlassene Klöster oder dunkle Wälder und Gewässer sind unheimliche Orte, an denen die gespenstischen Ritter ihr Unwesen treiben.

Teufelssagen handeln vom Fürsten der Finsternis, der sich den Menschen oft freundlich nähert, um deren Nöte auszunutzen, oder ihnen verspricht, geheime Wünsche zu erfüllen, wenn sie ihm dafür ihre Seele verschreiben. Der Teufel verbindet sich gern mit Hexen, die angeblich seine Buhlerinnen sind, und nimmt an ihren Treffen auf dem Hexentanzplatz teil.

Grundlage der Hexensagen sind die realen Hexenverfolgungen, die sich besonders im 16./17. Jahrhundert ereigneten. Gerade in den katholischen rheinischen Kurfürstentümern Köln, Mainz und Trier, in den Fürstbistümern Würzburg und Bamberg sowie im Bistum Eichstädt kam es zu wahren Prozesslawinen, die nur langsam wieder abebbten. Die Behauptungen waren teilweise so aberwitzig, dass manche Gelehrte und Priester heftige Bedenken hatten, wie der Jesuitenpater Friedrich von Spee. Dieser verfasste, wenn auch zuerst anonym, eine Denkschrift, die „Cautio criminalis“, die sich an die Landesherrn und Richter wendete, um die grausamen und unwürdigen Hexenprozesse zu beenden.

Natursagen sollen unheimliche Erscheinungen in der Natur erklären, wie Blitz und Donner, Himmelsfärbungen, ungewöhnliche Wolkengebilde sowie Sternschnuppen und Sonnenfinsternisse.

Seit es Menschen gibt, die von Gier erfüllt sind, existieren auch Sagen über verborgene Schätze. Schließlich wurden schon immer kostbare Grabbeilagen früherer Kulturen oder Münzen aus vergangenen Jahrhunderten gefunden. Allerdings ist es natürlich nicht ganz einfach, Schätze aus Burgruinen, Brunnen oder Höhlen zu bergen, da Drachen oder riesige Hunde mit glühenden Augen sie bewachen.

Sagen beinhalten wie Märchen meist eine bestimmte Botschaft und zeigen dem Zuhörer oder Leser so auf, welche Verhaltensweisen wünschenswert und welche unrecht sind. Sie vermitteln Werte und unterhalten dabei. Mögen die Lektüre und das Durchstöbern dieses Buches Ihnen, liebe Leser, nun viel Vergnügen bereiten.

# Vest Recklinghausen – eine kurze Geschichte

Mit dem Zusammentreffen der Römer und Germanen wurden die ersten schriftlichen Quellen über die Bewohner unserer Region überliefert. Das Gebiet an der unteren Lippe war von den Chattuariern besiedelt, während die Usipeter und Tenkterer im Bereich der Lippemündung ansässig waren. Gerade dieser Landstrich diente den Römern als Aufmarsch- und Versorgungsweg zur Eroberung des freien Germaniens, die verschiedenen Lippekastelle in Dorsten-Holsterhausen, Haltern, Olfen oder Oberarden dokumentieren dies. Die Kastelle wurden im Abstand eines Tagesmarsches angelegt, auch der Nachschub konnte mit flachen Booten über die Lippe ins östliche Westfalen transportiert werden.

Nach der Niederlage der Römer im Jahr 9 n. Chr. bei Kalkriese in der Nähe von Osnabrück gab es zwar noch Feldzüge der kaiserlichen Prinzen, wie sie uns Tacitus in der „Germania" so anschaulich schildert. Doch Kaiser Tiberius verfügte nach dem letzten Feldzug des Heerführers Germanicus und nach dessen Triumphzug 16 bzw. 17 n. Chr. die Aufgabe der Lippekastelle und den Rückzug an den Rhein.

Über mehrere Jahrhunderte liegen keine schriftlichen Quellen vor, bis die Franken um 700 ihre Eroberungszüge ins Land der Sachsen aufnahmen. Missionare waren meist Angelsachsen wie die Heiligen Ewalde, deren Märtyrertod in Dortmund-Aplerbeck eingetreten sein soll. Später war, allerdings mit mäßigem Erfolg in Westfalen, der heilige Bonifatius als Missionar tätig. Mit den Sachsenkriegen begann die endgültige und dauerhafte Missionierung durch Feuer und Schwert, der sich die sächsischen Teilstämme der Westfalen, Engern und Ostfalen schließlich nach 30 Jahren beugen mussten. Die Feldzüge Karls des Großen gegen die Sachsen und der hinhaltende Widerstand seines größten Feindes, des Sachsenherzogs Wittekind, bescherten uns allerdings eine ganze Reihe von Sagen und Legenden (Karl der Große in Ahsen). Natürlich ist bei den Quellen jedoch Vorsicht geboten, denn sie wurden von der katholischen Priesterschaft verfasst und wahrscheinlich geschönt und verfälscht, da die Sachsen meist schreibunkundige Heiden waren.

Die fränkischen Truppen nutzten auch die alte Römerroute entlang der Lippe, den nahen Hellweg im Süden unseres Gebietes und die viel weiter östlich gelegene Hessische Senke, die schon länger zum fränkischen Machtbereich gehörte. Die Eroberung der Syburg bei Dortmund und der Eresburg bei Marsberg sicherten den

*Schloss Wittringen ist von einer idyllischen Teichlandschaft umgeben.*

südlichen Teil Westfalens, wobei die meisten Sagen gerade um Paderborn und Ostwestfalen entstanden.

Mit der Organisation des Kirchenwesens, der Gründung der Bistümer Münster, Paderborn, Osnabrück und Minden, der Entstehung der Dekanate und Pfarrbezirke sowie dem Kirchenbau gelang allmählich die Verankerung des christlichen Glaubens in der Bevölkerung. Das Vest lag stets im Einflussgebiet des Erzbistums Köln bis zur Lippegrenze, nördlich davon befindet sich das vom heiligen Ludger um 800 gegründete Bistum Münster. Grundbesitzer im Vest waren neben dem Kloster Deutz bei Köln die Reichsabteien Essen und Werden. Das Xantener St.-Viktor-Stift erhielt 1032 durch eine Schenkung den Oberhof Dorsten. Selbstverständlich hatten auch adelige Grundbesitzer wie die von Oer oder die Herren von Ostendorf, um nur zwei Familien zu nennen, Rechte und Gerechtsame im Vest Recklinghausen.

Die Landesherrschaft entwickelte sich mit der Territorialisierung Westfalens im 13. Jahrhundert. Die Kölner Erzbischöfe gewannen mit Recklinghausen als Sitz des Gogerichts (Gaugericht) die politische Herrschaft über das Vest. Erstmalig beurkundet wurde dieses im Jahr 1228. Neben Recklinghausen bildete sich im Laufe der Jahrzehnte mit Dorsten ein zweites städtisches Zentrum heraus, sodass man zur genaueren Unterscheidung vom Obervest und Niedervest Recklinghausen mit dem Hauptort Dorsten sprach. Innerhalb dieser Bezirke kam als weitere politische Gliederung die Einteilung in Kirchspiele hinzu, die mehrere Bauernschaften umfassten.

Damit war die Landesorganisation abgeschlossen und bestand praktisch bis zur Auflösung im Jahr 1803. Neuer Landesherr wurde der Herzog von Arenberg, 1811 kam das Vest zum Großherzogtum Berg und von 1815 bis 1945 zu Preußen. 1844 erfolgte die Einteilung in Ämter. Nach der kommunalen Neuordnung von 1975 wurden auch diese aufgelöst und in die Städte integriert. Der größte Teil des heutigen Kreisgebietes ist mit dem alten Vest identisch, abgegangen sind allerdings die Kirchspiele Buer mit den nachgeordneten Bauerschaften, Horst an die Stadt Gelsenkirchen, das Kirchspiel Osterfeld als westfälischer Teil von Oberhausen sowie die Stadt Bottrop. Zum Kreis Recklinghausen sind die eigentlich münsterländische Stadt Haltern und der nördliche Teil Dorstens gekommen, aus denen ebenfalls einige Sagen nacherzählt werden.

Seit 1946 gehört Recklinghausen zu Nordrhein-Westfalen und zum Regierungsbezirk Münster. Der bevölkerungsreichste Kreis in Nordrhein-Westfalen umfasst mehr als 600.000 Einwohner.

# Castrop-Rauxel

## Geschichtliches

Castrop, 834 erstmals urkundlich erwähnt, gehörte einst zur Abtei Werden. Im Mittelalter kam der Hof Castrop an die Grafen von Cleve, die ihn an verschiedene Adelsgeschlechter verpfändeten. Später wurde Castrop märkisch, kam 1815 zum Landkreis Dortmund und schließlich 1975 zum Kreis Recklinghausen.

## Der Geist in Schloss Henrichenburg

Schloss Henrichenburg wurde von einem Ritter des im Vest Recklinghausen wohlbekannten Geschlechts derer von Oer als Burg gegründet und nach seinem Erbauer Heinrich genannt. Heinrich, abgeleitet von Heidenreich, war der Leitname des Geschlechts. Diese nicht nur in adeligen Kreisen gepflegte Namenstradition kommt manchmal auch heute wieder zu Ehren.

Heinrich könnte der Schlossgeist gewesen sein, der den nachfolgenden Bewohnern des Schlosses ihre nächtliche Ruhe raubte, indem er sie durch lautes Trappeln und höhnisches Gelächter in Angst und Schrecken versetzte. Schließlich gelang es dem herbeigerufenen Pfarrer von Waltrop, den Geist durch Bannsprüche in ein unterirdisches Verlies zu locken, in dem nur ein Tisch mit einem Stuhl stand. Schnell mauerte man die Eingangstür doppelt zu, um den ungnädigen Schlossgeist auf ewig gefangen zu halten. Niemand wagte es, auch nur in die Nähe des unterirdischen Raumes zu kommen, denn die Leute befürchteten, den Geist zu stören, weil sie glaubten, dass er sich nicht nur an den Bewohnern des Schlosses, sondern auch an den Dörflern für seine Gefangenschaft rächen würde.

Angeblich soll er auch einen silbernen Schatz bewachen, von dem es allerdings keine echten Hinweise gibt. Ausschließen kann man dies aber nicht, denn in

*Die alte Schleuse zu Henrichenburg ist ein von Wilhelm II. persönlich eingeweihtes Industriedenkmal.*

Krisenzeiten, von denen das Vest natürlich nicht verschont blieb, wurden häufig Kostbarkeiten vergraben.

## Der Kaplan von Burg Bladenhorst

Die ersten Besitzer der Burg Bladenhorst waren die Ritter von Blarnhurst, denen die Familie von Düngelen folgte. Diese vererbte die Burg Bladenhorst Ende des 15. Jahrhunderts an die von Viermund weiter. Einer der Burgherren war wie viele seiner adeligen Standesgenossen ein rastloser Jäger. Als sein Jagdaufseher ihm meldete, dass ein starker Rothirsch, es soll sogar ein Sechzehnender gewesen sein, mehrfach in den herrschaftlichen Wäldern gesehen worden war, rief der Ritter schnell eine

*Fünfstufiger Renaissancegiebel des Torturms von Schloss Bladenhorst.*

kleine Jagdgesellschaft zusammen. Neben den Jägern und Hundeführern aber wollte er auch den Burgkaplan mit auf die Jagd nehmen, der seiner Meinung nach ein allzu ruhiges Dasein auf seiner Burg verlebte. Als dieser von einem der Knechte aufgefordert wurde, den Burgherren bei der Jagd zu begleiten, las der Geistliche gerade in seinem täglichen Brevier und gab dem Ritter eine abschlägige Antwort, indem er ihm ausrichten ließ, sich um das Seelenheil der Burgbewohner zu kümmern, sei seine Aufgabe, nicht die Jagd auf Gottes Kreaturen. Diese mutige Antwort erzürnte den Ritter außerordentlich und er ließ dem Kaplan ausrichten, wenn er sich nicht sofort der Jagdgesellschaft anschließe, könne er sich ja einen anderen Ort für seine frommen Gebete suchen.

Da verließ der Geistliche doch sehr schnell seine behagliche Stube, eilte zu den wartenden Jägern, um auf ein Pferd zu steigen, und ritt mit ihnen in den Bladenhorster

*Eckturm von Schloss Bladenhorst mit Eingangs- und Seitenflügel.*

Wald, wo die Hunde auch bald die Fährte des Rotwildes aufnahmen und schließlich einen Hirsch stellten. Ausgerechnet der Burgkaplan hatte das Jagdglück und brachte das Hochwild zur Strecke, worauf die Bläser zum lauten Halali anstimmten, um ihm zu gratulieren. Das Läuten des Sterbeglöckleins der Burgkapelle in der Ferne überhörten die Jäger allerdings und man ritt fröhlich zur Burg zurück, nachdem der Kaplan für seine Treffsicherheit waidmännisch geehrt worden war.

Als die Jagdgesellschaft lärmend in den Burghof ritt, war allerdings kein Bediensteter zu sehen, bis ein Knecht aus der Burgkapelle trat und auf die Jäger zueilte, um ihnen von dem schrecklichen Unfall zu erzählen, der sich in ihrer Abwesenheit zugetragen hatte. Der Gärtner war beim Zurückschneiden der Bäume von einer hohen Leiter gefallen und dabei so unglücklich aufgeschlagen, dass er sich die Wirbelsäule gebrochen hatte und nach dem Sturz unter unsagbaren Schmerzen gestorben war.

Durch das Läuten des Sterbeglöckchens habe man versucht, die Jagdgesellschaft zur Burg zu rufen, aber da diese nichts gehört hatte, verschied der Gärtner ohne Sterbesakramente und musste ohne geistlichen Beistand in die Ewigkeit eingehen.

## Der St.-Hubertus-Schlüssel in der Kirche von Henrichenburg

Im Chor der Pfarrkirche St. Lambertus in Henrichenburg befand sich lange ein Bild des heiligen Hubertus, des Schutzherrn der Jäger und der Jagdhunde. Darauf war zu seinen Füßen ein tollwütiger Hund mit allen Anzeichen seiner lebensgefährlichen Krankheit zu sehen. Unter dem Bild hing ein großer, alter Schlüssel, dessen oberes

*Die neu gebaute St.-Lambertus-Kirche in Henrichenburg.*

Ende zu einem Baumkreuz geschmiedet worden war und der von den Dorfbewohnern St.-Hubertus-Schlüssel genannt wurde. Dem Schlüssel wurden heilende Kräfte zugeschrieben, die Augenzeugen vielfach bestätigten. Er heilte Bisse tollwütiger Hunde, wenn der Schlüssel stark erhitzt worden war und man ihn dann glühend auf die Wunde gedrückt hatte. Weil Hunde oft frei herumliefen und es gegen Tollwut noch keine Medizin gab, sah man dem Schlüssel an, dass er oft benutzt wurde. Dann trat jedoch ein Ereignis ein, das den Schlüssel seiner heilenden Kraft beraubte.

In die Schafherde des Rittergutes Henrichenburg drang eine jener tollwütigen Bestien ein und biss mehrere Schafe, ehe der Schäfer das Tier vertreiben konnte. Da man um die heilende Kraft des Schlüssels bei Menschen wusste, versuchte man, die Schafe auch so zu retten. Doch bald darauf verlor der Schlüssel seine wunderbare Kraft, obwohl noch eine letzte Heilung bei einem Ehepaar aus Herten gemeldet wurde.

Heute sind das Bild und der Schlüssel spurlos verschwunden.

## Das Meerweib zu Ickern

Vor langer Zeit war das Gebiet um Ickern, die Emscher fließt auch heute noch durch den Ort, übersät von kleinen und großen Bächen, Wassertümpeln und sumpfigen Braken. Auf einem der großen Tümpel hatte sich sogar eine Insel gebildet, die mit Büschen, niedrigem Gehölz und einem Schilfgürtel bewachsen war. Im tiefen Wasser wohnten die Marweiber mit ihren Kindern, die, wenn das Mondlicht sich hell auf dem Wasser spiegelte, auf der Insel zwischen hohem Gras spielten und aus den Lilien des Schilfs bunte Kränze flochten.

Ganz in der Nähe des Kolks lag der Bauernhof Hanfeld. Eines Tages entdeckten die Mägde und Knechte am Rande des Tümpels einen Knaben, der am ganzen Körper behaart wie ein Hund war. Da sie nicht wussten, zu wem das Kind gehörte, nahmen sie es mit auf den Hof, und weil sie glaubten, es sei eingeschlafen, legten sie es auf die warme Ofenbank. Als sie nach dem Knaben schauen wollten, war dieser verschwunden und man fand ihn schließlich hinter einem Busch in den Armen eines Marweibs. Der Junge wurde von dem Marweib getränkt, das ihm immer wieder mit leiser Stimme vorsang: „Trink, mein Söhnchen, trink!“ Nachdem der Junge gesättigt war, verließ ihn das Marweib, die Leute aber brachten den Knaben jeden Tag wieder an die gleiche Stelle.

Der Junge wurde größer und weil seine Haare immer dichter wurden, dachte man, es sei besser, wenn er schön glattgeschoren wäre. Es bereitete aber so viel Mühe, ihm die Haare abzuschneiden, dass die Frisur nur zur Hälfte fertig wurde, als sie ihn wieder zum Kolk brachten. Das Marweib kam zur gleichen Zeit wie immer. Als die

Wasserfrau jedoch sah, wie das Kind nun aussah, wurde sie sehr zornig und schrie: „So wie ihr mein Kind geschoren habt, sind euer Glück und Hof verloren!" Dann nahm sie ihr Kind und verschwand mit ihm im tiefen Wasser des Tümpels. Die Glück bringenden Marweiber erschienen nicht mehr und auf dem Hof soll seither ein Fluch lasten.

## Der geheime Gang zur Kottenburg

Die Kottenburg wurde bereits im 13. Jahrhundert von dem Geschlecht der Ritter de Katenbruc bewohnt. Durch einen unterirdischen Gang war die Höhenburg mit dem befreundeten Haus Schellenberg in Obercastrop verbunden. Die Burgherren hatten vereinbart, dass in für ihre Burgen bedrohlichen Situationen beiden Herren ein geheimer Fluchtweg offenstand.

In einer der zahlreichen Fehden erschlug der Burgherr von Kottenburg seinen Gegner. Dessen Angehörige verklagten ihn daraufhin beim Freigericht der westfälischen Veme in Dortmund, wo der Kottenburger sich vor dem Freistuhl der Veme „unter vorgelegtem Schwert und Strick" verteidigen sollte. Der Ritter von der Kottenberg erschien aber nicht, wohl wissend, dass ein einmal gefälltes Urteil sofort vollstreckt wurde. Der Dortmunder Freigraf des heimlichen Gerichtes ließ den Burgbesitzer durch Boten erneut vor sein Gericht laden. Nachdem die Boten dreimal vergeblich an das Tor der Kottenburg geklopft hatten, nagelten sie die Vorladung daran, in der dem Ritter befohlen wurde, innerhalb von 30 Tagen in Dortmund zu erscheinen.

Damit wurde der Ritter für vogelfrei erklärt, also in Acht und Bann gelegt, und jeder konnte ihn töten oder gefangen nehmen. Er konnte deshalb nur in ein anderes Land fliehen, in dem die Acht nicht mehr galt, und sich bis dahin im geheimen Gang zwischen den Burgen verstecken. Um unbemerkt zu überleben, nahm der Adelige genügend Mundvorrat und 30 Kerzen mit in die Unterwelt, die ihm bis zum Ende seines geheimen Aufenthaltes leuchten sollten.

Am 30. Tag wurde er in seinem Versteck entdeckt und von den Beauftragten der Veme vor den Freistuhl nach Dortmund gebracht. Die Anklage war eindeutig – durch seine Weigerung, sich rechtzeitig zu stellen, wurde er als Mörder zum Tod durch den Strang verurteilt. Da er sonst ein tapferer Ritter gewesen war, änderte das Gericht jedoch das Urteil, nach dem der Ritter von der Kottenburg ehrenvoll durch das Schwert hingerichtet wurde.

Der Standort der Burg ist nicht mehr festzustellen, allerdings erinnern heute die Straßenbezeichnungen Cottenburgschlucht und Cottenburgstraße an die frühere Ritterburg.

# Freistuhl zu Dortmund

Ferdinand Freiligrath

*Dies sind die Linden; beide morsch und alt!*
*Rechts die zerbarst: Sie klafft mit jähem Spalt*
*Auf von den Wurzeln bis zur Splitterhaube.*
*Weit aber greift sie mit den Aesten aus;*
*Fast wie die Schwester prangt sie grün und kraus,*
*und schmückt die Stirn mit frühlingsfrischem Laube.*

*Dies ist der Tisch; hart unterm Lindenpaar*
*Erhebt er sich; du kannst des Reiches Aar*
*Zur Stunde noch auf seiner Platte schauen.*
*Der Stadt des Reiches flog sein Adler vor;*
*Hier auf dem Tische, dort überm Thor,*
*Und in den Kirchen weist er seine Klauen.*

*Ein todt Gethier! – Der Welschland überflog,*
*Um Syriens Palmen kühne Kreise zog,*
*Das heil'ge Grab und Golgatha beschirmte,*
*Der mit den Wappenleu'n Castilia's*
*Auf einem Deck, auf einer Flagge saß,*
*Und durch die Wälder der Kaziken stürmte:*

*Die Zeit erlegt' ihn! Steine sind sein Pfühl!*
*Wer weckt des Kaisers trotzig Federspiel?*
*Im Steine träumt es, wie der Falk im Ringe.*
*Sein Träumen aber? Schlachtfeld und Gelag,*
*Blutbann und Blut: Auf diesem Tische lag*
*Das nackte Schwert einst und die Weidenschlinge.*

## Die Westfälische Veme

Die Gerichtsbarkeit der Veme (Feme) ging weit über Westfalen hinaus, praktisch bis in alle deutschsprachigen Länder. Diese Freigerichte standen über den Hof-, Land- oder Stadtgerichten und konnten über Leben und Tod, also schwere Gewaltstrafen wie Landfriedensbruch, entscheiden, es bestand aber auch die Möglichkeit, die Vemeschuld finanziell zu regeln. Im 14. und 15. Jahrhundert war der Einfluss der Veme besonders groß und die Freigrafen schreckten nicht davor zurück, Kaiser Friedrich III. vor das heimliche Gericht zu laden. Die Veme war so angesehen, dass viele Fürsten selbst Mitglieder der Veme wurden, wie Kaiser Sigismund, Kurfürst Friedrich I. und Friedrich II. von Brandenburg, Kurfürst Friedrich I. und Friedrich II. von Sachsen, die bayrischen Herzöge Heinrich II. und Wilhelm der Reiche oder Landgraf Ludwig II. von Hessen, um nur einige Beispiele aus der damaligen Hocharistokratie aufzuzählen. Ein Vemegericht war mit einem Freigrafen und sieben Freischöffen besetzt, die den Schöffeneid abgelegt haben mussten. Der Oberfreistuhl der Westfälischen Veme wurde 1437 nach der Reform dieses Gerichts von Dortmund nach Arnsberg verlegt.

Ende des 15. Jahrhunderts verlor die Veme allmählich an überörtlicher Bedeutung, besonders seit der Gründung des Reichskammergerichts im Jahr 1495 durch den deutschen König und späteren Kaiser Maximilian I. von Habsburg. Mit der Gründung des höchsten Reichsgerichts bis 1806 wurde zur Sicherung des Landfriedens das alte Fehderecht verboten, also dem Adel jegliche Legitimation zur persönlichen Rechtsfindung entzogen. Erlaubt wurden sogar Prozesse der Untertanen. Damit schränkte man die Macht der Landesherren ein. Allerdings gab es auch Prozesse, besonders bei Erbstreitigkeiten, die mehr als 100 Jahre dauerten.

# Datteln

## Geschichtliches

Als Besitz der Benediktinerabtei St. Heribert in Köln wurde Datteln 1147 in einer Urkunde des Papstes Eugen III. erstmals schriftlich bestätigt. Die Pfarrkirche St. Amadeus gehörte damals bereits zum Vest Recklinghausen. Jahrhundertelang landwirtschaftlich geprägt, begann mit dem Bau des Dortmund-Ems-Kanals 1893 bis 1899 eine neue Zeit, Datteln wurde mit der Vollendung des Kanalsystems ein wichtiger Kanalknotenpunkt und 1936 zur Stadt erhoben.

## Das Ende des Grafen von der Rauschenburg

Direkt am Lippeufer liegen zum Schutz eines alten Flussübergangs die Reste der einst so stolzen Rauschenburg, die im Laufe der Jahrhunderte im Besitz verschiedener Adelsgeschlechter war. Eine Chronik des Pfarrers Wilhelmus Martersteig der St.-Amandus-Kirche in Datteln berichtet von einer „Legende", die von den Menschen dort noch lange mündlich weitergetragen wurde.

Der Graf von der Rauschenburg war wie die meisten Adeligen ein fleißiger Jäger. Damals war der Adel allein im Besitz des Jagdrechts und das Jagen war den Untertanen unter schweren Strafen verboten. Eines Tages begegnete dem Grafen ein wunderschönes Mädchen, das ihn freundlich grüßte und dann weiterging. Sofort verliebte sich der Edelmann in das Mädchen. Es hieß Margarete und war die Tochter des Organisten der Kirche St. Amandus in Datteln. Der Graf war so fasziniert von ihrer Schönheit, dass er sie noch am Abend des gleichen Tages bat, seine Frau zu werden. Um sie von seinen ehrlichen Absichten zu überzeugen, schickte er einen Reiter zum Pfarrer nach Datteln, da dieser die sofortige Eheschließung in der Schlosskapelle vollziehen sollte. Der Pfarrer aber kannte das Mädchen sehr gut, denn sie war ja

*Die St.-Amandus-Kirche in Datteln.*

die sittsam erzogene Tochter seines Organisten und der Ruf des Junkers war ziemlich übel beleumdet. Man kannte ihn an beiden Ufern der Lippe als Schürzenjäger.

In der Burgkapelle wartete der Graf bereits ungeduldig. Neben ihm stand seine wachsbleiche Braut, die mit der Situation offensichtlich überfordert war. Doch als der Pfarrer sie fragte, ob ihr Entschluss, den Grafen zu heiraten, aus freier Entscheidung fiel, antwortete Margarete deutlich: „Ja, ich will ihn zum Mann." Der Geistliche legte die Hände des Hochzeitpaares ineinander und segnete es. Beim anschließenden Hochzeitsmahl ließ der Graf einige Sprüche bezüglich der Hochzeitsnacht hören, die dem Pfarrer doch noch einmal sehr zu denken gaben. Aber in den folgenden Wochen hörte er nichts Negatives über den Burgherrn von der Rauschenburg.

Mehrere Monate waren ins Land gegangen, als es zu einem Krieg zwischen Deutschland und Frankreich kam. Voller Tatendrang verpflichtete der Graf einen Reitertrupp, mit dem er und viele Tausend andere Kämpfer nach Frankreich einmarschierten. Seine junge Frau, die ein Kind von ihm erwartete, hatte er längst vergessen. Die Kämpfe wogten und der Graf wurde durch seine Kühnheit bekannt, ja, er verließ das kaiserliche Heer und wurde von einigen Getreuen zum König der Franzosen ausgerufen. Damit hatte er aber den Bogen überspannt, denn nun stand er zwischen den Fronten und beide Seiten verfolgten ihn, sodass er heimlich floh, um – von allen verlassen und verdreckt – die Rauschenburg zu erreichen.

Nachdem er sich erholt hatte, war sein Hochmut ungebrochen, denn er wäre ja fast König von Frankreich geworden und wollte auch so leben. Also trug er nun edle Samtkleidung und verlangte nach teuren Weinen. Die Dienstboten mussten sich vor ihm tief verneigen, er lud liederliche Weiber in sein Schloss ein und nahm keine Rücksicht auf seine Frau und sein Kind. Margarete konnte dieses unwürdige Schauspiel nicht länger ertragen und floh vom Herrensitz, obwohl sie wieder schwanger war.

Als die Dienerschaft dies dem Grafen berichtete, der wieder einmal mit seinem „Hofstaat" an der Festtafel saß, geriet er in schreckliche Wut, befahl, seinen schwarzen Rappen zu satteln und jagte sofort nach Datteln, denn er glaubte, seine Frau würde sich bei ihren Eltern verstecken.

Doch bei ihren Eltern konnte er sie nicht finden, denn der Pfarrer und ihr Vater hatten ihr geraten, im Wald bei Burg Löringhof unterzutauchen. Als der Graf seine Frau nicht finden konnte, sandte er all seine Bediensteten aus, bis schließlich ein Reiter die Unglückliche mit dem gerade Geborenen unter einem schützenden Baum fand. Als der Burgherr in Margaretes Gesicht ein irres Lächeln sah, trat er auf sie zu, um ihr das frisch geborene Kind zu entreißen. Daraufhin erschütterte ein furchtbarer Donnerschlag die Luft und ein riesiger Blitz schlug in den Boden ein. Als sich die Rauchschwaden verzogen hatten, stand da Margret mit dem Kind in ihren Armen, beide leblos zu Stein erstarrt.

*Am Ufer der Lippe stand die Rauschenburg.*

Mit einem entsetzlichen Fluch bestieg der Graf sein Pferd und ritt zurück zur Rauschenburg. Als er jedoch die Lippe durchquerte, traf ihn – wild erhitzt im kühlen Wasser des Flusses – der Schlag und auch die sofortige Hilfe seiner Leute konnte ihn nicht mehr retten.

## Das Mädchen vom Gernehof

Nahe der Gernequelle, die heute noch einen kleinen Bachlauf speist, lag einst ein stattlicher Bauernhof, der Gernehof. Durch den Bachlauf war das Land fruchtbar und die Landwirtschaft ertragreich, sodass der Bauer und seine Familie ziemlich wohlhabend waren. Der Hofbesitzer war jedoch kaltherzig und raffgierig und seine Frau und der einzige Sohn litten unter der Strenge des Alten. Seinen Sohn behandelte er genauso grob wie die Knechte und Mägde, die bei ihm in Stellung waren. Nachdem die letzte Magd davongelaufen war, hatte man Jule verpflichtet, ein junges Mädchen, das nicht mit den Gaben der Schönheit bedacht worden war und ausgenutzt wurde.

Da Jule und sein Sohn in dieser Umgebung niemanden sonst hatten, fanden sie zueinander und es dauerte nicht lange, dass Jule ein Kind erwartete. Als die Umstände nicht mehr zu verbergen waren, erkannte dies auch der Bauer und trieb das arme Mädchen mit der Peitsche vom Hof, nicht einmal den letzten Lohn zahlte ihr der Bösewicht aus.

Der Winter war schon weit fortgeschritten und niemand wollte eine Schwangere in dieser Zeit in Kost nehmen. Doch dann fand sie endlich bei zwei armen alten Leuten Unterschlupf. In der armseligen Hütte der Alten brachte Jule in der Adventszeit ihr Kind zur Welt. Zwar freuten sich alle über die Geburt, doch Jule merkte sehr wohl, dass die Leute einfach zu arm waren, um sie den ganzen Winter beherbergen zu können. Sie verließ kurz vor dem Weihnachtsfest mit ihrem Kind auf dem Arm die freundlichen Alten, um sich eine Arbeit zu suchen, denn sie wollte nicht andere mit ins Unglück stürzen. Ein früher Schnee hatte die Wege in der Heide verweht und sie verlor die Orientierung und fand nicht mehr zurück.

Am frühen Weihnachtsmorgen fanden Kirchgänger auf dem Weg zur Ucht die tote Magd mit ihrem Kind erfroren im Schnee.

Allmählich verlor der Gernehof seinen Wohlstand. Keine Magd und kein Knecht wollten mehr unter der Knute des alten Bauern arbeiten, denn die herzlose Vertreibung der schwangeren Jule hatte sich bald herumgesprochen. Nur der junge Bauer blieb, von Gewissensbissen geplagt, auf dem elterlichen Hof. Als er in einer stürmischen Novembernacht glaubte, sein Kind im Wald weinen zu hören, rannte er mit einer Sturmlaterne los, um Mutter und Kind zu suchen – er kam nie wieder auf den Hof zurück.

Ein Jahr später meinte auch der Alte, er höre ein Klagen und Jammern im Wald und suchte in der Dunkelheit die Unglücklichen. Auch er ward danach nicht mehr gesehen.

Nun war die alte Bäuerin allein im Haus und niemand konnte ihr helfen, als schließlich der Tod sie ereilte. Die Winterstürme deckten das Dach ab und auch die Balken brachen unter der Schneelast zusammen und bedeckten die Tote. Niemand wagte sich mehr in die Nähe des alten Hofes, auf dem nach Ansicht der Menschen ein Fluch lastete, und so ist heute nichts mehr von dem einst so stolzen Bauernhof zu finden.

# Der schwatte Heinrich

Der Baumeister der Horneburg war zuständig für den Ernteeinsatz der dienstpflichtigen Bauern. Wenn das Korn reif war, ritt er zu den Höfen und erinnerte die Männer an ihre Dienstpflicht, die zur Herrschaft gehörenden Kornfelder zu mähen. Jeder Hof musste einen kräftigen Mann stellen, der mit Sense und Wetzstein am frühen Morgen an einem der zum Gutshof gehörenden Felder zum Einsatz eingeteilt wurde. Heinrich, der Baumeister, war ein riesiger, starker Kerl, der aufgrund seines düsteren Aussehens nur „der schwatte Heinrich" genannt wurde und gefürchtet war. Er verlangte von den Männern vor dem Ernteeinsatz immer ein neues Hemd aus feinem „Linnen" – eine Abgabe, die zwar nirgendwo schriftlich vereinbart war, doch da die Leute wussten, wie der „schwatte Heinrich" seine Macht auszunutzen verstand, erfüllten sie zähneknirschend seine Unverschämtheit.

Seit einiger Zeit war auf einem der Höfe ein junger, starker Knecht in Stellung, der von dem Hofbesetzer zum Schnitter beim „schwatten Heinrich" bestimmt wurde. Als er früh am Morgen Sense und Wetzstein ergriff, wollte ihm die Bäuerin das Hemd überreichen. Doch der Knecht lachte nur und meinte, dass man schon sehen würde, wer der schnellere Arbeiter sei.

Auf dem Erntefeld angekommen, begrüßten die Männer den Baumeister, wünschten ihm einen erfolgreichen Tag und überreichten ihm der Reihe nach ihr mitgebrachtes Hemd. Als der Baumeister den neuen Knecht begrüßte, wollte er sogleich seine „Aufmerksamkeit" in Empfang nehmen, doch der Neue konnte ihm außer einem fröhlichen guten Morgen nichts geben.

Bevor die Mahd begann, wurden die Schnitter eingeteilt und der junge Knecht musste natürlich an der Seite des „Schwatten" sein Tagwerk beginnen. Der Baumeister legte sofort ein höllisches Tempo vor und blitzschnell sanken die Schwaden in der Reihe des „schwatten Heinrich" zu Boden. Schon längst waren die anderen Männer zurückgefallen – doch der junge Knecht hielt immer Schritt an seiner Seite. Mit kräftigem, nicht erlahmendem Schwung führte er die Sense und mähte regelmäßig und sauber seine Reihen.

Als endlich die Morgenpause begann, war der Baumeister froh, neue Kraft zu schöpfen, dann würde er dem jungen Gockel schon zeigen, wer der Bessere sei. Doch auch nach der morgendlichen Stärkung ging das unheimliche Kräftemessen weiter und der „schwatte Heinrich" merkte, wie ihm die Arme immer schwerer wurden und sein Nebenmann keinerlei Zeichen von Ermüdung zeigte. Zwar war es noch nicht Zeit zur Mittagsrast, doch der völlig erschöpfte Baumeister befahl seinen Leuten wegen der Hitze schon früher den Schatten des Waldes aufzusuchen. Er wusste am Waldesrand eine kühle Quelle, wo er sogleich hinwankte und sich satt trank.

*Schloss Horneburg bei Datteln.*

Plötzlich wurde ihm schwarz vor Augen, dunkles Blut quoll aus seinem Mund und die Quellmulde wurde von seinem Blut ganz rot gefärbt.

Als der „schwatte Heinrich" nicht zurückkam, glaubten die Knechte nach einer Weile, sich auch erfrischen zu können und fanden den Sterbenden, der – nur noch wild mit den Augen rollend – keinen Ton mehr sagen konnte, weil ihm das Blut noch immer aus dem Mund lief. – Der junge Knecht hatte sie von ihrem Peiniger erlöst, was auch die anderen Bauersleute des Gutsherrn so empfanden. Keiner weinte dem „schwatten Heinrich" eine Träne nach, denn es konnte nur besser werden.

### Gutshöfe

Auf großen Gutshöfen waren die Aufgaben klar verteilt: Der Baumeister, auch Oberknecht oder Großknecht genannt, war zuständig für die Einteilung und Beaufsichtigung der Knechte. Die gesamte Arbeit wurde vom Verwalter organisiert, der sich auch um die Gerätschaften, die Gebäude usw. kümmern musste. Der Rentmeister fungierte als Finanzverwalter, auch heute kann der Besucher auf großen Besitzungen noch „gräfliche Renteien" antreffen. In Westfalen hatten nur die großen Schultenhöfe und Rittergüter so viel Verwaltungspersonal. Bei den im Osten Deutschlands viel größeren und häufiger vorkommenden Rittergütern war dies jedoch meistens der Fall. Allerdings erfreuten sich die Bauern im Westen, Norden und in Bayern größerer persönlicher Freiheiten, wie viele Untersuchungen vor und nach dem gescheiterten Bauernaufstand von 1524/25 herausarbeiten konnten.

Als Beispiel für eine Wandersage habe ich „Der schwatte Heinrich" gewählt, weil das Vest auf der Horneburg finanztechnisch verwaltet wurde, also Abgaben, Zölle und Pachtgelder an den Kellner (Finanzbeamter) übermittelt wurden. Einer meiner Ahnen aus der Bauerschaft Lippe wird sogar im „Vestischen Lagerbuch" von 1660 genannt: „Nierhoff ist verpflichtet, jarlichs die burschafft haber nacher der Horneburgh zu liebern." Natürlich wird es sich nicht um den „schwarzen Heinrich" gehandelt haben, denn als Hofbesitzer in der Bauerschaft Lippe stand er an erster Stelle der Steuerliste mit dem höchsten zu entrichtenden jährlichen Betrag.

## Karl der Große in Ahsen

Das Dorf Ahsen liegt direkt an der Lippe. Dort befand sich einst eine Fährstelle über den Fluss. Bis ins 16. Jahrhundert hinein wurde hier eine Geschichte über den Aufenthalt Karls des Großen in Ahsen weitergegeben.

Schon die alten Römer benutzten die Lipperoute, um ins östliche Westfalen vorzurücken. Auch Karl der Große nahm mit seinen Soldaten bei verschiedenen Heerfahrten zur Unterwerfung der Sachsen diese Strecke entlang der Lippe. 777 fand die erste große Reichsversammlung auf sächsischem Boden in Paderborn statt,

*Die ehemalige Burgkapelle St. Maria Magdalena in Datteln ist jetzt die Kirche der russischen Gemeinde St. Boris und Gleb.*

zu der Karl neben vielen weltlichen Herren auch seine Bischöfe befohlen hatte. In Wesel sammelte sich der Heeresbann und marschierte dann durch das Sachsenland nach Paderborn. Als Rastplatz errichtete man ein großes Lager zwischen Lippe und Stever. Weil das gerade eroberte Land noch nicht in kleinere Bezirke eingeteilt war, bestimmte Karl zwei Adelige aus seinem Gefolge zu Herren über dieses Gebiet. Anfangs errichtete man nur Blockhäuser, bis es zum Bau einer Burg kam, die schon im Mittelalter zerstört wurde. Karl ließ aber auch eine Kapelle bauen, die auf einem Schild sein Wappen und Waffen zeigte.

Die Kapelle wurde wie der gesamte Ort im Dreißigjährigen Krieg von den Hessen niedergebrannt und von dem Schild hat niemand wieder etwas gesehen.

*Der Wesel-Datteln-Kanal ist einer der wichtigsten und verkehrsreichsten Schifffahrtskanäle Deutschlands.*

# Dorsten

## Geschichtliches

Aus dem Weiler Durstina und dem Einzelhof Durstinon an der Lippe, beide werden in den „Werdener Urbaren" um 900 n. Chr. so bezeichnet, entstand die spätere Stadt Dorsten. Besitzer des Oberhofes Dorsten war ab 1032 das Xantener Stift St. Viktor. 1251 zur Stadt erhoben, wurde Dorsten befestigt und Mitglied der Hanse. Die Lage an der Lippe förderte den Handel und besonders den Schiffbau. Die Dorstener Lippekähne und seit dem Ende des 18. Jahrhunderts die „Dorstener Aak", deren Vorläufer sich bis zum Beginn des 16. Jahrhunderts verfolgen lassen, waren Plattschiffe, die wegen ihres geringen Tiefgangs vielfach eingesetzt wurden. Die Stadt wurde sehr wohlhabend und zum Hauptort des Niedervestes Recklinghausen. Sie wurde im Dreißigjährigen Krieg von den Hessen besetzt und zu einer Festung ausgebaut. Berühmt ist das 1488 gegründete Franziskanerkloster, heute das älteste deutsche Kloster dieses Ordens, das ununterbrochen bestand. 1975 wurden im Zuge der kommunalen Neuordnung die nördlich der Lippe gelegenen Gemeinden Lembeck, Wulfen, Rhade und Altendorf-Ulfkotte eingegliedert.

## Der Teufelstein zu Erle

Am Rande eines Drubbels, der aus vier Bauernhöfen besteht, liegt in einem Eichenwäldchen, vor dem eine Hinweistafel angebracht ist, der uralte, mächtige Teufelsstein. Es gibt verschiedene Deutungen, die diesen Ort z.B. als bäuerliche Thingstätte und kultischen Versammlungspunkt für politische oder mythische Feiern ansehen. Solche heidnischen Orte wurden von den christlichen Missionaren meist dämonisiert oder in christliche Heilstätten umgewandelt. Auch einige Sagen ranken sich um den skandinavischen Findling.

*Der Marktplatz von Dorsten mit dem alten Rathaus und der St.-Agatha-Kirche.*

In der bekanntesten Sage ist der Teufel unter dem Stein gebannt und zählt dort sein Geld. Wenn um Mitternacht auf dem benachbarten Bauernhof der Hahn kräht, so schwebt der Stein in die Höhe, dreht sich um seine Achse und fällt wieder in seine ursprüngliche Lage zurück. Ist nun jemand besonders mutig, so wartet er bis zur Geisterstunde und kann dann den Teufel dabei beobachten, wie er Gold- und Silbermünzen zählt. Aber nur für einen kurzen Augenblick – dann ist der Böse schon wieder verschwunden.

Eine weitere Sage handelt von einem kopflosen, weißen Pferd und einem schwarzen Hasen, Teufelshase genannt. Einst jagte ein Wilderer, der auch am Tag des heiligen Osterfestes seiner Leidenschaft nachging, heimlich auf der Heide. Als er das kopflose, weiße Pferd und den schwarzen Hasen erblickte, schoss er sofort auf den vermeintlichen Meister Lampe, der allerdings immer größer wurde und plötzlich als riesiger Schatten von der Erde abhob und davonflog. Als die Mutter des Wilderers vom Hochamt zurückkam, lag ihr Sohn mit starrem Blick auf seinem Lager, sagte kein Wort mehr und verschied nach drei Tagen, ohne dass ihm der Pfarrer die letzte Beichte abnehmen konnte.

## Angela Josten – die Retterin von Dorsten

1590 kam es zu einem Überfall auf die Stadt Dorsten durch holländische Truppen, die unter dem Befehl des Grafen Philipp von Oberstein standen. Angela Josten, die Frau des Bürgermeisters, leistete nach der Verwundung ihres Mannes Widerstand gegen die Angreifer. Eine sicher sehr viel später entstandene Ballade stimmt den Leser auf das Geschehen ein.

*Johannes Philipp von Oberstein*
*schloss Dorsten mit Türmen und Toren ein;*
*und die Wehre hielten Tag und Nacht*
*an Wällen und Gräben verzweifelte Wacht.*
*Noch standen die Türme, noch trotzten die Mauern,*
*doch durch die Stadt flog schwarzes Trauern,*
*und wie ein Gespenst kroch durch die Gasse*
*Obersteins Schwur – und die Menschen erblassten.*
*„So wahr ich bin Philipp von Oberstein,*
*morgen sind Türme und Tore mein!“*

Nachdem dieser Schwur in Dorsten bekannt geworden war, erhöhten die Verteidiger ihre Aufmerksamkeit bei der Verteidigung der Stadt, denn sie wussten, was sich hinter diesen Worten verbarg: Plünderung und Brandschatzung, Tod und Verderben. Die Männer standen auf den Wehrgängen hinter den Mauern und schlugen die Angreifer zurück, während die Frauen und Kinder in der Katharinenkirche Gott um Beistand anflehten.

Da eilte ein Bote herbei, der die Schreckensmeldung überbrachte, dass ein äußeres Tor gefallen und der Bürgermeister schwerverletzt sei, nur die Frauen konnten die Stadt jetzt noch retten. Das war die Stunde der Angela Josten. Ruhig und bestimmt befahl sie den Frauen Fett, Pech und heißes Wasser zu erhitzen. Die stärksten Frauen schleppten in eilig herbeigeschafften Zubern und Eimern die erhitzten Flüssigkeiten auf die Torbefestigungen und überschütteten die Angreifer damit. Völlig überrascht von diesen neuen hitzigen Verteidigungswaffen wichen die Niederländer zurück und gaben endlich entmutigt den Sturm auf das so tapfer verteidigte Dorsten auf.

Am nächsten Tag konnten die Dorstener sehen, wie die abgeschlagenen Belagerungstruppen unter gedämpftem Trommelschlag abrückten.

### Achtzigjähriger Krieg

Nachdem sich die sieben holländischen Provinzen von Spanien losgesagt hatten, nutzten beide Parteien das Rheinland und das westliche Westfalen als Aufmarschgebiet für Kriegszüge. Die durch den religiösen Gegensatz zwischen katholischen Spaniern und mehrheitlich calvinistischen Holländern oft als Religionskrieg bezeichneten Kriegshandlungen waren nur ein Teilaspekt der Auseinandersetzungen, die mit dem Westfälischen Frieden 1648 ihr offizielles Ende fanden.

## Der Richter von Lembeck

Die jahrhundertealte Freiheit Lembeck, 1017 erstmalig erwähnt, wurde 1975 im Zuge der kommunalen Neugliederung der größte Stadtteil von Dorsten. Lembeck liegt im Norden der Stadt und ist durch sein Barockschloss bekannt. Im 17./18. Jahrhundert kam es hier zu Hexenverfolgungen, die durch Wasserproben traurige Berühmtheit erlangten.

Die Freiheit Lembeck hatte das Recht der Halsgerichtsbarkeit. Nur musste es auch ausgeführt werden, wenn sie dieses Recht nicht verlieren wollte. Schon lange hatte sich kein Verbrechen mehr ereignet und der Richter musste unbedingt tätig werden, denn seine künftigen Einnahmen hingen natürlich von der Anzahl der Prozesse ab, die unter seinem Vorsitz ausgetragen wurden.

Als eines Tages ein alter Lumpensammler zum Haus des habgierigen Richters kam, um Überreste von gesponnenem Garn und Lumpen zu erbetteln, kam diesem ein hinterhältiger Gedanke. In einem unbeobachteten Augenblick versteckte er im Korb des Hausierers einige wunderbar gesponnene Zierdecken.

Nachdem der Lumpensammler sein Haus verlassen hatte, wurde er bald vom Gerichtsbüttel als Dieb festgenommen. Der böse Richter und seine Mägde traten hinzu, doch der Kiepenmann, von seiner Unschuld überzeugt, bot ihnen ahnungslos an, die Kiepe zu durchsuchen. Natürlich fand man die edlen Zierdeckchen und der vermeintliche Dieb wurde eingesperrt und bald darauf zum Tod durch den Galgen verurteilt. Das Galgenrecht war gerettet und der Richter konnte auf weitere Einnahmen hoffen.

Nach wenigen Jahren starb der Richter und seine Leiche wurde in einem großen Trauerzug auf den Gottesacker zur ewigen Ruhe gebracht. Doch als seine

*Bereits im 12. Jahrhundert erbaut, gelangte das Schloss Lembeck im 16. Jahrhundert in den Besitz der Familie von Lembeck, der es seinen Namen verdankt.*

Angehörigen heimkamen, sahen sie zu ihrem Erstaunen den Toten am Herdfeuer sitzen, die lange Pfeife im Mund und an den Füßen zwei schwarze Hunde. Der Alte blieb auf seinem Platz, weder Kreuzzeichen noch Weihwasser konnten ihn vertreiben. Schließlich holte man einen für seine Frömmigkeit bekannten Geistlichen, der lange betete, um dann die Knechte zu beauftragen, den großen Heuwagen mit zwei starken Pferden zu bespannen. Der Wagen wurde mit einem Bück- und einem Stückfass, beide ohne Boden, beladen und der Geistliche und ein Knecht fuhren mit ihrer Fracht zum Mühlenteich, ohne sich ein einziges Mal umzudrehen.

Als sie ihr Ziel erreicht hatten, warfen sie den Bückkübel und das Schöpffass in den Mühlenteich und wählten eine andere Strecke als Heimweg. Der Richter kam niemals wieder, denn er musste als ewige Strafe den bodenlosen Kübel mit dem bodenlosen Schöpfer füllen.

# Die Burg im Barloer Wald

Südlich der Marler Straße liegt der Barloer Busch, ein nicht allzu großes Waldstück, in dem sich früher eine kleine Burganlage, umgeben von einer Gräfte, in der Nähe einer großen Wiese befand. Aus feuchten Wiesen steigen im Herbst oft helle Nebelschwaden empor, die auch den Barloer Busch in ein unstetes Licht tauchten. Hier, wo saftige Wiesen und fruchtbare Äcker die Landschaft prägen, stand einst der Herrensitz. Weit genug entfernt von der wohlhabenden Stadt Dorsten, konnte der Burgherr wie ein Zaunkönig in seinem kleinen Reich herrschen. Auch dort war einer der Besitzer, wie so viele Adelige, von der Jagdleidenschaft besessen, die weder Sonn- noch Feiertage kannte. Auch seine Knechte mussten mitkommen zur Jagd, wenn ihn das Fieber packte.

An einem hellen, klaren Herbstmorgen erklangen die Jagdhörner und riefen zur Jagd, obwohl es ein Sonntag war, der dem Kirchgang vorbehalten war. Doch das Jagdglück war den Männern gewogen und sie kehrten mit reicher Beute zur Burg zurück. Als sie gerade die Zugbrücke überquerten, fuhr plötzlich ein Blitz – wahrlich aus heiterem Himmel – herab, die Burg schwankte unter der Gewalt des Aufschlags und aus der Gräfte schlugen riesige Wogen empor, die alles mit in die Tiefe rissen. Von der Burg aber ging jede Spur verloren.

## Landadel

„Die Burg im Barloer Wald“ ist eine der vielen Wandersagen, die nicht nur im Vest erzählt wurden. Abgesehen von der immer wieder betonten Jagdleidenschaft des Landadels wird dieser häufig als faul, ungebildet und arbeitsscheu beschrieben. Zahlreiche Landadlige traten zwar als Offiziere in militärische Dienste, aber quittierten sie wieder, wenn sie einen Dienstherren fanden, der sie besser bezahlte und ihren militärischen Rang erhöhte. 1918, endgültig aber erst 1945, verlor der Adel als mitbestimmender Faktor im deutschen Staat seine lange viel zu große Bedeutung.

*Der Turm der alten Stadtmauer von Dorsten ist heute ein Kriegerdenkmal.*

# Der verwunschene Wallmeister

Als Dorsten im 13. Jahrhundert die Stadtrechte verliehen bekam, begannen die Dorstener mit der Aushebung von Gräben und der Aufschüttung der Erde, die sie mit Palisaden bestückten, um ihre Stadt zu schützen. Im Laufe der Jahrzehnte dehnte sich die Gemeinde aus und der Rat beschloss, eine stärkere Befestigung zu errichten. Ein Wallmeister sollte Dorsten mit Mauern, soliden Türmen, tiefen Gräben und festen Toren uneinnehmbar machen. Für diese anstrengende Arbeit wurden Bauern aus der Umgebung und Bürger der Stadt verpflichtet, wenn sie sich nicht freikaufen konnten.

Der Wallmeister verstand zwar sein Geschäft, aber er war jähzornig und konnte nicht nachvollziehen, wenn die Bürger sich nach der Arbeit ausruhen wollten, weil er selbst über Riesenkräfte verfügte, die nie erlahmten. Er ging nicht nur auf die Fronarbeiter mit der Peitsche los, wenn sie eine Pause einlegten, sondern auch die freien, wenn auch armen Dorstener beschimpfte er auf das Übelste: „Wollt ihr wohl weiterarbeiten, ihr verwünschten Hunde!“, hallte es oft über die Baustelle, wenn er sich im Zorn wieder einmal nicht beherrschen konnte. Die Bürger beschwerten sich beim Magistrat über diese unehrenhafte Behandlung, schließlich waren sie ja keine Leibeigenen. Viele heimliche und halblaute Verwünschungen wurden dem Wallmeister hinterhergemurmelt, doch die angesehenen Mitglieder des Stadtrates scherten die Beschwerden nicht, sie wollten nur, dass die Befestigung umso schneller fertig sein würde.

Der stete Jähzorn ließ den Wallmeister nicht alt werden und er verstarb schon nach wenigen Jahren. Doch er fand keine Ruhe und zog als Hund durch die Hohlwege, die zur Stadt führten, als nie endende Strafe für seine ewige Quälerei. Er hatte den Menschen trotz schwerster Arbeit keine Pausen gegönnt und sie wie streunende Hunde beschimpft, darum konnte er auch keinen Frieden finden.

In der Thomasnacht, der längsten Nacht des Jahres, war er einmal ruhelos auf den Wegen vor der Stadt unterwegs, als er einem reichen Bauern begegnete, der zurück zu seinem Hof in der Feldmark ritt. Dieser erschrak nicht wenig, als er dem riesigen Hund mit den glühenden Augen in schwarzer Nacht gewahr wurde, und war heilfroh, als er sein Hoftor hinter sich verriegeln konnte.

Dem Wallmeister kann nur dann Erlösung widerfahren, wenn ihn ein mutiger Wanderer nach seinem Unglück fragt. Ansonsten muss er ewig auf den Wegen vor Dorsten als verwunschener Hund herumirren.

# Gladbeck

## Geschichtliches

Im Werdener Heberegister von 900 wird Gladbeck zum ersten Mal erwähnt. Es gehörte von 1180 bis 1803 zum Kurfürstentum Köln und damit zum Vest Recklinghausen. Bis zur industriellen Revolution im 19. Jahrhundert war der Ort landwirtschaftlich geprägt. Durch die Gründung von fünf Zechen nahm die Bevölkerung rasant zu, sodass Gladbeck 1919 zur Stadt erhoben wurde. Mit dem ersten Ruhrgebietsgesetz von 1975 wurden Gladbeck, Bottrop und Kirchhellen zusammengelegt. Dieses Konstrukt wurde im Volksmund spöttisch „Glabottki“ genannt, bis man Gladbeck nach erheblichen Protesten aus der Bevölkerung 1976 wieder als selbstständige Stadt existieren ließ, die zum Kreis Recklinghausen kam.

*Haus Wittringen in Gladbeck mit Städtischem Museum.*

*Die Umgebung von Schloss Wittringen bei Gladbeck lockt zu Ausflügen in der Natur.*

# Der Teufel und der Schuster zu Brauck

An der östlichen Stadtgrenze von Gladbeck liegt die Ortschaft Brauck. Dort lebte einst ein Schuster. Dieser ging eines Tages traurig von der Frühmesse nach Hause, wo er wieder mal über seine schwierige Lage gegrübelt hatte. Da begegnete ihm ein feiner Herr, der ihn aufmunternd fragte, was ihn denn so bedrücke und ob er ihm helfen könne. Der Schuster erzählte schweren Herzens davon, dass seine Not nicht weichen wolle – acht Kinder habe er, die er kaum ernähren könne, seine Lieferanten wollten immer gleich das Geld für ihre Waren und die Kunden würden leider auch nicht immer sofort die reparierten Schuhe bezahlen.

Nachdem er sich die Klagen angehört hatte, sagte der feine Herr: „Ich sehe deine Not und möchte dir wohl gerne Geld leihen, wenn du deinen Namen in mein Buch schreiben willst.“ Der Schuster merkte sehr wohl, mit wem er es zu tun hatte, stellte sich etwas einfältig, um den Teufel zu täuschen, und nahm eine hübsche Summe entgegen. Nachdem er das Geld gezählt hatte, fragte ihn der Teufel, ob die Summe ausreiche. Der Schuster aber antwortete nach kurzem Zögern: „Nein, das reicht noch nicht ganz." Die Geldbörse des Fremden barg noch weitere Rheinische Gulden, die nun ihren Besitzer wechselten, bis der Schuster meinte, dass es genug sei. Da holte der Herr sein Büchlein hervor, nahm Feder und Tinte aus einem kleinen Gläschen und befahl dem Schuster: „Jetzt schreib deinen Namen in mein Buch, damit ich mein Geld zurückbekomme." Der Schuster schrieb schnell das Vaterunser in das Büchlein und als der Teufel dies las, gab er dem Mann eine gewaltige Ohrfeige, die ihn besinnungslos zu Boden warf. Wütend eilte er davon!

Als der Schuster aus tiefer Ohnmacht erwachte, griff er sofort in seine Tasche und konnte vor Freude gar nicht fassen, dass der Teufel in seiner Wut nicht mehr an das Geld gedacht hatte. So wurde ihm und seiner Familie aus großer Not geholfen.

## Die verhexte Liebschaft

Besonders im 16./17. Jahrhundert konnten sich Frauen oder Mädchen dem Volksglauben nach in Hexen verwandeln. Natürlich glaubten nicht alle Zeitgenossen daran, doch Neid, Missgunst und schwierige wirtschaftliche Verhältnisse waren oft Grund genug für geheime Verleumdungen bei der Obrigkeit.

Auf Behmers Hof in Brauck wohnten und arbeiteten vor vielen Jahrzehnten drei Mägde, die zusammen in der Mägdekammer über der Wäschekammer ihre Schlafstellen hatten. Die Knechtekammer lag natürlich in einem anderen Teil des Hauses. Nun geschah es, dass ein junger Mann aus Zweckel sich in eines der Mädchen verliebt hatte. Doch war ihm verraten worden, dass seine Liebste ihm nicht treu sei und sie wohl noch einen anderen Verehrer habe. Natürlich wollte er herausfinden, ob die Sache wahr sein könnte. Deshalb schlich er mit einem Freund zum Fenster der Kammer, um eine Antwort darauf zu finden. Die beiden versuchten durch Rufen und Pfeifen auf sich aufmerksam zu machen, doch nichts rührte sich am Kammerfenster. Als sie schon aufgeben wollten, kamen plötzlich drei kleine Kätzchen um die Ecke und verschwanden in einem Loch in der Wand, dem Abfluss der Waschküche, der wohl als Katzenloch diente.

Die jungen Männer dachten sich nichts dabei, denn zu einem Bauernhof gehören Katzen als bewährte Mäusefänger. Doch in der Mägdekammer knarrte vernehmlich die Tür und der Freund flüsterte: „Jetzt müssen sie endlich zu Hause sein." Die Freier versuchten mit neuem Mut, auf sich aufmerksam zu machen, und pfiffen laut. Endlich öffnete sich das Fenster der Kammer und der erboste Bursche fragte: „Wo wart ihr denn? Wir warten schon lange hier." Die Magd brachte aber nur eine lahme Entschuldigung hervor, sodass er beschloss, die Liebschaft sofort zu beenden, schließlich wollte er sich nicht auf der Nase herumtanzen lassen.

# Haltern am See

## Geschichtliches

Schon lange vermuten Archäologen, dass die römische Festung Alisio auf dem Gebiet der heutigen Stadt Haltern lag. Gräber aus der Zeit des Augustus (31 v. Chr.–14 n. Chr.), eine Vielzahl römischer Fundamentreste, Scherben von Tontöpfen und andere Relikte können als Modelle oder im Original im Westfälischen Römermuseum bestaunt werden. Im Mittelalter gehörte Haltern schon früh zum Bistum Münster. 1169 wurde die heutige Stadt erstmals als Haupthof Haltern schriftlich erwähnt, vom Bischof von Münster erhielt sie als Grenzfeste gegen das Vest Recklinghausen das Befestigungsrecht verliehen. Immerhin besaßen die bischöflichen Nachbarn die Brücke über die Lippe gemeinsam, bis der Fluss im 16. Jahrhundert seinen Verlauf änderte. Haltern blieb bis zum Bau der Eisenbahnlinie Wanne–Münster 1870 ein typisches Ackerbürgerstädtchen. Die Einrichtung des Halterner Stausees 1929 dient bis heute der Versorgung des nördlichen Ruhrgebiets mit Trinkwasser und ist seitdem ein Magnet für Touristen. Im gleichen Jahr wurde Haltern in den Landkreis Recklinghausen eingegliedert. Die heutige Stadt entstand nach der Neugliederung von 1975 mit den Ortsteilen Flaesheim, Hullern und Lippramsdorf sowie Teilen der Gemeinde Hamm.

## Der Schatz unter dem Opferstein bei Sythen

Die Borkenberge, im Städtedreieck zwischen Haltern, Dülmen und Lüdinghausen gelegen, waren in den 50er- und 60er-Jahren des vorigen Jahrhunderts für uns Jugendliche ein überaus spannendes Ziel, das es zu entdecken galt. Bereits um 1900 hatte es in Lüdinghausen eine Borkenberggesellschaft und sogar ein Borkenberglied gegeben. Die damaligen Entdecker sammelten vor allem Erfahrungen im geselligen

Zusammensein, wir dagegen hatten von einem verborgenen Schatz in den sandigen Borkenbergen gehört, der dort seit vielen Jahrhunderten darauf wartete, gefunden zu werden. Nun war es nicht ganz einfach, zu diesem Teil der sandigen Hügel zu gelangen, wo einst der große Opferstein stand – zum einen wegen des Flugbetriebs auf dem Segelflugplatz, zum anderen wegen der militärischen Sperrzone der Briten. Mein Vater hatte mir erzählt, wohl von der gleichen Neugier als Junge gepackt, wo der Altarstein einst gelegen hatte, bis die Briten ihn Anfang der 1950er-Jahre mit einer riesigen Sprengstoffladung in die Luft jagten. Die Engländer wussten nichts von dem Schatz und dem kulturellen Wert dieses heidnischen Opfersteins und so glaubten wir, vielleicht doch noch Spuren des vergrabenen Hortes finden zu können. Den Schatz haben wir leider nicht gefunden, doch das Suchen der besagten Stelle, das Verstecken unserer Räder und die klopfenden Herzen, wenn ein Jeep mit englischen Soldaten oder gar ein Panzer über die Hügel raste, waren doch aufregende Abenteuer unserer Jugendzeit.

Die Sage erzählt, dass schon ab der Römerzeit ein riesiger Schatz aus Gold und edlem Geschmeide unter dem Opferstein nahe dem Dorf Sythen verborgen war. Einst soll ihn ein germanischer Stammesführer auf der Flucht vor den Römern hier versteckt haben, die mit ihren Schiffen auf der Lippe tief nach Westfalen eindrangen. In einigen Nächten hebt sich zur mitternächtlichen Stunde der Stein und dreht sich einmal um die eigene Achse, um dann wieder auf seinen vorherigen Platz zu sinken.

Den Schatz wollten zwei Sythener Männer heben, die wussten, dass man keinen Ton sagen durfte, solange man die Schatzgrube nicht verlassen hatte. Also machten sie sich in einer dieser mondhellen Nächte auf den Weg zum Altarstein, ausgerüstet mit großen Taschen und zwei Grubenlampen. Der Weg war im Schein des Mondes gut zu erkennen, denn der helle Sand der Baumberge schimmerte leicht im Untergrund. Nur die dürren Kieferbäume warfen schemenhafte Schatten, die geisterhaft über die Heide zitterten. Die Uhr der Sythener Kirche schlug Mitternacht und wie von Geisterhand hob sich der Stein von seinem Platz, sodass ein schmaler, dunkler Spalt zum Vorschein kam, der breit genug war, um ins Erdinnere einzudringen.

Schnell wurde die Angst überwunden, das Grubenlicht angezündet und einer der mit einem Seil gesicherten Bauern verschwand hastig ins Innere. Sein Kumpan wartete begierig und hörte, wie sein Freund klirrend und klappernd Gold und andere Kostbarkeiten in seine Tasche warf – seine Geduld wurde auf eine harte Probe gestellt, bis er plötzlich hörte: „Zieh mich wieder heraus, ich hab die Taschen voll!“ Doch da krachte der Opferstein herunter und der gierige Schatzräuber wurde für immer eingeschlossen. Voll grausigem Entsetzen rannte der Sythener den Berg herunter, begleitet von höhnischem Gelächter auf der Heide.

Früh am nächsten Morgen hatte er den Nachbarn von der nächtlichen Schatzsuche berichtet und mehrere Männer begleiteten ihn, um nach dem anderen Bauern

*Die Burg Lüdinghausen ist eine von drei Burganlagen im Stadtgebiet von Lüdighausen.*

zu suchen. Doch der Stein ließ sich nicht bewegen und der Schatzsucher blieb verschwunden, wahrscheinlich bis zum Ende aller Tage.

## Der Herr von Ostendorf

In Lippramsdorf, einem heutigen Stadtteil von Haltern, steht am nördlichen Lippeufer das Haus Ostendorf. Im Mittelalter lag dieses noch südlich der Lippe, aber durch Wechsel des Flussverlaufs vollzog die ehemalige Ritterburg praktisch einen Ortswechsel. Die Herren von Ostendorf hatten unter der Bevölkerung einen miserablen Ruf, waren sie doch als strenge, grausame Gutsbesitzer im Gedächtnis der Menschen verankert. Die Herren hatten auf beiden Seiten der Lippe Rechte und Grundbesitz, so auch in der Bauerschaft Hamm, südlich der Lippe gelegen.

Bei einer Kontrolle seiner Ländereien kam der adelige Herr von Ostendorf auch auf einen seiner Pachthöfe, auf dem sich eine große Trauerweide befand. Weil diese ihm so gut gefiel, befahl er dem Pachtbauern, die Weide auszugraben und sie pünktlich am nächsten Tag um zwölf Uhr vor seinem Haus aufzurichten. Sollte dies nicht geschehen, müsste der Bauer mitsamt seiner Familie den Hof verlassen. Der Bauer versuchte ihn unter Tränen von der Unmöglichkeit dieser Aufgabe zu überzeugen, doch vergeblich – der Adelige blieb unerbittlich.

Als nun die Familie traurig um den Weidenbaum stand, trat plötzlich ein kleines graues Männlein, das unbemerkt auf den Hof gekommen war, auf sie zu und fragte mit zarter Stimme: „Was ist geschehen, warum steht ihr so traurig da?“ Nachdem ihm der Bauer von dem unnachgiebigen Herrn von Ostendorf berichtet hatte, der seine Existenz und die seiner ganzen Familie durch den unerfüllbaren Wunsch zerstören würde, versprach das Männlein, ihnen zu helfen. Am nächsten Morgen würde er mit seinem Fuhrwerk kommen, um den Baum zum Haus Ostendorf zu bringen.

Das Männlein erschien tatsächlich am nächsten Morgen mit einem uralten Fuhrwerk, die Gäule waren klapperdürr und man konnte kaum glauben, dass sie das Gefährt nur eine Meile fortbewegen könnten. Das Männlein sprang zwar behände vom Kutschbock, dem Bauern fiel aber der verkrüppelte linke Fuß auf. Er tat jedoch so, als habe er ihn nicht bemerkt. Der Kleine forderte den Landmann auf, ihm zu helfen. Kaum hatte dieser die Weide nur angefasst, so stand der riesige Baum schon neben ihm auf der Erde und nur ein großer Krater erinnerte an seinen bisherigen Standort. Erneut packten sie zu und sofort lag der Baum auf dem wackeligen Gefährt.

Da wurde es unserem Bauersmann doch unheimlich zumute, denn der Fremde machte ihm allmählich Angst. Dieser forderte ihn auf: „Komm auf meinen Kutschbock, damit wir deinem Herren den Baum bringen können.“ Als sie losfuhren, wagte er nicht, zur Seite zu schauen, um dem unheimlichen Fremden nicht in die Augen sehen zu müssen.

Doch was war das? Schritt für Schritt geschah eine weitere unheimliche Wandlung am Fuhrwerk und an den struppigen Gäulen! Die Pferde wurden immer runder und schöner und auch der klapprige Wagen wurde fester und stärker, sodass sie schließlich mit einem stattlichen Fuhrwerk vor dem Haus Ostendorf ankamen.

Sofort räumte das Männlein den Baum vom Wagen und steckte diesen einfach in die Erde. Es sah aus, als ob er schon immer dort seinen Platz hatte. Kein Blatt war verwelkt, der Auftrag des Herrn von Ostendorf war wider Erwarten rechtzeitig erfüllt. Der Ostendorfer aber war begeistert von den herrlichen Pferden und wollte sie sogleich kaufen. Doch das Männlein wurde sehr ernst und warnte ihn mit den Worten: „Die Pferde sind deine Vorfahren, nämlich dein Urgroßvater, dein Großvater und dein Vater. Dies ist eine Warnung an dich, denn wenn du weiter so hart bist, wirst du der vierte Gaul im Gespann sein. Das Pferdegeschirr ist schon für dich vorbereitet.“ Dunkel lächelnd zeigte er auf ein Geschirr, das auf dem Boden lag.

Da schoss eine gewaltige Feuergabe aus dem Boden, die nach Schwefel stank, und das Männlein war mit dem gesamten Gespann spurlos verschwunden.

*Der Siebenteufelsturm ist der letzte Rest der ehemaligen Stadtmauer von Haltern am See.*

Einige Zeit verging und der Herr von Ostendorf änderte sich nicht. Wenn er mit seinem Gespann unterwegs war, rief er dem Kutscher zu: „Fahr zu, in drei Teufels Namen, ich habe es eilig!“ Dem Kutscher graute es allmählich vor den gottlosen Reden und Flüchen seines Herrn und er fragte schließlich einen Priester, wie seine Seele die lästerlichen Reden unbeschadet überstehen könnte. Der Geistliche riet ihm daraufhin, immer ein scharfes Messer bei sich zu tragen, denn sollten die Gäule plötzlich vor einem christlichen Symbol scheuen, könne er die Zügel durchschneiden und sich so retten.

Als der Herr von Ostendorf und der Kutscher während einer Fahrt an einem Hagelkreuz vorbeikamen, schnitt der Kutscher die Zügel durch. Da gingen die Pferde durch und in einer Flammengarbe stieg das Gespann mit dem Ostendorfer in die Lüfte. Er war der letzte seines Namens.

Nach seinem Verschwinden aber begann es auf der Burg zu spuken, manchmal erschien sogar ein Hund mit tellergroßen, feurigen Augen. Als der Spuk einmal zu toll wurde, eilte der Kutscher zum Priester nach Haltern und bat ihn flehentlich um Hilfe. Der Pfarrer trieb den Spuk durch lange Gebete zwar in ein Loch nahe der Sickingmühle bei Marl, doch der Geist des Herrn von Ostendorf trotzte dem Priester die Bedingung ab, dass er sich dem Haus Ostendorf jedes Jahr einen kleinen Schritt nähern dürfte. Wenn er das Haus erreicht hätte, würde er seine Herrschaft wieder antreten.

Die Leute mühten sich immer wieder, das Bannloch zuzuschütten, doch es gelang nie und so wird es bis heute Spukkuhle genannt.

## St. Ludgerus verliert den Gefängnisschlüssel

Auf seinen Missionsreisen durch Friesland und das Münsterland kam der heilige Ludger einst nach Billerbeck. Es herrschte gerade schlechtes Wetter, Regen, Hagel und Schnee wechselten einander ab und kein Sonnenstrahl erwärmte die nasse Erde, sodass die Bauern nicht auf den Feldern arbeiten konnten. Einer der Bauern war darüber unheimlich wütend, denn er konnte sein Getreide nicht aussäen. Darum fluchte er gotteslästerlich. Als der heilige Ludger diese Flüche hörte, ließ er den Mann erbost einsperren und trug ihm auf, in der Haft Buße zu tun.

Noch am gleichen Tag musste er zu seinem Kloster in Werden reisen, um dort wichtige Angelegenheiten zu regeln. Bei Haltern nahm er die Fähre über die Lippe und ließ bei der Überfahrt den Schlüssel in die Lippe fallen – ob absichtlich oder zufällig weiß man nicht.

*Die Benediktinerabtei Gerleve liegt in der Nähe von Billerbeck und wurde um 1900 gegründet.*

*Die Stadt Billerbeck ist auch ein Wallfahrtsort.*

Nach wenigen Tagen erreichte er Billerbeck auf dem gleichen Wege und sofort erzählte man ihm, ein Koch habe im Bauch eines großen Fisches einen Schlüssel gefunden. Der Heilige schaute sich den Schlüssel an und erkannte den Gefängnisschlüssel sofort wieder. Er sah es als ein Zeichen Gottes an, dass der lästerliche Bauer seine Sünden abgebüßt hatte, und ließ den Landmann wieder in Freiheit setzen, mit der dringenden Ermahnung, seine Zunge zukünftig im Zaum zu halten.

Die Witterung sei nun einmal gottgegeben, auch wenn sie den Menschen nicht immer passt.

## Der Höllenhund von Haltern

Einst wurden die Einwohner von Haltern in Angst und Schrecken versetzt, denn mitten in der kleinen Stadt hielt sich in einem baufälligen Eckhaus ein Höllenhund versteckt, der nachts durch sein unheimliches Heulen und Jaulen die Menschen verängstigte. In dunklen Nächten sahen sie glühende Augen in dem alten Gemäuer funkeln und schweres Kettenrasseln durchdrang die nächtliche Stille des

Ortes. Die Einwohner baten immer wieder den Pfarrer darum, den Spuk zu bannen und sie von dem Untier zu befreien. Weil der Geistliche sich das aber nicht zutraute, ließ er schließlich einen befreundeten Franziskanerpater aus dem Kloster in Dorsten kommen, der Erfahrungen mit Teufelsaustreibungen hatte. Nachdem der Pater sich ein Bild gemacht hatte, ließ er durch einige mutige Männer den Höllenhund aus dem Keller holen und mit zwei starken Pferden in die Hohe Mark schleppen. Dort bannte er das Höllentier mit geheimen Zaubersprüchen, damit es der Stadt jedes Jahr nur um einen Hahnentritt näherkommen konnte.

Das grausige Tier aber trieb auch in der Hohen Mark sein Unwesen, sodass ein Mann am Annaberg die furchtbarsten Minuten seines Lebens erlebte: Heimlich hatte er aus einem Steinbruch am Annaberg die schönsten Steine gestohlen und in einer Schubkarre weggefahren. Er kippte die Steine in eine versteckte Schlucht, wo sie auf weichen Waldboden fielen und niemand hören konnte, wenn er eine neue Karre gestohlener Steine dort ablud. Mit den Steinen wollte er die Grundmauern einer Scheune errichten, die Gräben dafür hatte er bereits auf seinem Gehöft ausgehoben. Nach einiger Zeit hatte er genügend Material gesammelt, um sein Vorhaben auszuführen. Er spannte sein Pferd vor die zweirädrige Stützkarre und machte sich im Abenddunkeln auf den Weg zur Schlucht. Allerdings handelte es sich um eine Vollmondnacht und der Himmel war frei von Wolken, sodass Wälder und Wiesen in ein gespenstisches Licht gehüllt waren. Dem Steindieb war es, als ob der Waldboden von Geistern bevölkert sei, die ihm immer näherkamen. Doch er ermannte sich und ging tapfer seinen Weg zur Schlucht.

Als er dort angekommen war, stieg aus dem kleinen feuchten Tal feiner Nebel auf und da sah er plötzlich aus dem nahe gelegenen Waldstück zwei glühende Augen auf ihn zukommen. Kalter Schweiß lief ihm den Rücken herunter, doch er wollte immer noch nicht aufgeben und ging weiter auf die Steine zu. Doch wie aus dem Nichts stand plötzlich ein riesiges Untier von einem Hund vor ihm. Das musste der verbannte Höllenhund aus Haltern sein! Sein Pferd wieherte schrill vor Angst, stellte sich auf die Hinterbeine und schlug mit den Vorderhufen nach dem schaurigen Geist. Der Mann nahm mutig seine lange Pferdepeitsche und schlug auf das immer größer werdende Gespenst ein. Als das Ungeheuer sich wild knurrend duckte, um den Mann anzuspringen, verließ diesen dann doch sein Schneid. In Schweiß gebadet und am ganzen Leibe zitternd drehte er sich um, nahm das Pferd beim Halfter und floh vor dem Höllenhund, begleitet von einem höhnischen Gelächter, aus dem dunklen Wald.

Die Steine aus der Schlucht holte er nicht mehr, denn diesen schaurigen Ort wollte er nie wieder betreten.

*Das alte Rathaus in Haltern.*

## Der Räuberhauptmann in der Hohen Mark

Mitten in der Hohen Mark liegt das Dörfchen Holtwick. Hier erzählte man noch lange von einem Räuber, der es auf Reiche abgesehen hatte. Die Armen ließ er in Ruhe oder unterstützte sie sogar. Von den Behörden wurde der Räuber als Wilderer verfolgt, denn die Obrigkeit, besonders der Herzog, war erbost darüber, dass er ihm die stärksten Hirsche abschoss.

## Der Räuber und das Mädchen

In den Jahren, als der Räuber besonders heftig sein Unwesen trieb, getraute sich kaum jemand, allein die Landstraße zu benutzen. Nun musste eines Tages ein Bauernmädchen nach Haltern gehen, um Hefe für Brot und Kuchen zu besorgen. An einem Hang sah sie, wie dort der Räuber stand und sie beobachtete. Sofort lief sie so schnell, wie es ihr langer Rock erlaubte, weiter zur Stadt, ohne dass der Gefürchtete sie verfolgte.

Auf dem Rückweg begegnete sie ihm wieder, doch er kam ihr ganz ruhig entgegen und begleitete sie. Während sie gingen, fragte er das zitternde Mädchen, ob sie denn solche Angst vor dem Räuberhauptmann habe. Dieser würde ihr schon nichts zuleide tun, sie brauche auch nicht weiter zu zittern. Als der Wald aufhörte und die Felder begannen, blieb der Räuber stehen und sagte ihr zum Abschied: „Wenn dich ein Neugieriger fragt, wer dich begleitet hat, kannst du ruhig sagen, dass es der Räuberhauptmann war, vor dem sich alle fürchten!“

## Der Räuber und die arme Köttersfrau

In der Haard im heutigen Kreis Recklinghausen lebte einst eine arme Köttersfrau mit ihren Kindern. Ihr Mann war bereits früh verstorben und sie hatte alle Not dieser Welt auszuhalten, damit die Familie nicht verhungerte. Sie besaß eine Kuh, die ihre Familie nicht nur mit Milch, sondern auch mit Butter und Käse versorgte. Leider gehörte ihr nur ein kleiner Teil der Kuh, nämlich die Anzahlung, die sie dem Händler aus Recklinghausen bisher geleistet hatte. Fast 40 Taler musste sie noch bezahlen, ohne zu wissen, wie sie diese Summe auftreiben könnte.

Weil das Köttershaus ziemlich einsam lag, kam öfters der Räuber vorbei und forderte einen Becher Milch und ein Stück Brot, die er jedes Mal gut bezahlte. Als er wieder einmal einkehrte und um Milch bat, sagte ihm die Köttersfrau seufzend, dass dies wohl die letzte Milch sei, die sie ihm geben könne. Der Räuber war erstaunt und fragte nach dem Grund dafür. Da erzählte sie ihm, dass der Viehhändler keine Geduld mehr habe, auf das restliche Geld für die Kuh zu warten und diese beim nächsten Mal mitnehmen wolle. Der Räuber erkundigte sich daraufhin, welchen Weg der Händler aus Recklinghausen gehen und wann er kommen würde. Die Frau beschrieb ihm also den Waldweg, den der Räuber natürlich gut kannte, und nannte den Tag und die Uhrzeit des Viehhändlerbesuchs. Schließlich versicherte ihr der Räuber, dass sie sich keine Sorgen machen solle – er werde die Sache mit der Kuh schon regeln.

Als der Händler am besagten Tag durchs Holz schritt, lauerte ihm der Räuber auf und ging drohend mit einer Pistole ihn zu. Doch er wollte nicht sein Geld, sondern fragte drohend, ob er der armen Köttersfrau die Kuh wegnehmen wolle und wenn sie ihm noch etwas schulde, möge er eine Quittung unterschreiben, dass alles bezahlt sei. Beeindruckt von der Pistole, eilte sich der Händler die Quittung zu unterschreiben, denn wegen einer Kuh wollte er nun doch nicht sein Leben riskieren.

Wenige Tage später kam der Räuber wieder in das kleine Kötterhaus und gab der Frau die Quittung und etwas Geld. Der Händler aber mied in Zukunft den Weg durchs Holz und behelligte die Köttersfrau nie wieder.

## Geheimnisvolle Buchstaben an der Tanne

Als der Räuber sein Unwesen trieb, waren die vielen Geschichten über ihn in aller Munde und fand man nur einen kleinen, vielleicht ganz unschuldigen Hinweis, so glaubte man sofort Spuren des Räubers gefunden zu haben. So ging einst ein Maurer aus der Bauerschaft Specking nach Holtwick zur Arbeit und der kürzeste Weg dahin hätte ihn eigentlich durch das dunkle Waldgebiet Griisen Mönksknapp geführt. Furchtsam mied er diesen direkten Weg und nahm lieber einen Umweg. Als er wieder einmal nach Holtwick unterwegs war, standen tief eingeritzt die Buchstaben „A. K.“ an einer riesigen Tanne. Als er diese erblickte, die Anfangsbuchstaben seines Namens, bekam er einen gewaltigen Schrecken, glaubte er doch selbst gemeint zu sein. Da half weder gutes Zureden noch der Hinweis auf ein verliebtes Pärchen – den Weg ging er nicht mehr. Der ganze Wald war ihm unheimlich, sodass er einen armen Köttersjungen bat, ihn stets zu begleiten.

## Der gefangene Räuberhauptmann

Ein Schneider aus Lippramsdorf erledigte neben seiner Haupttätigkeit bei einzelnen Bauernhöfen in der Umgebung auch Lohnarbeiten. Bereits beim ersten Tageslicht machte er sich auf den Weg, als er hinter Tannen Rauch aufsteigen sah. Obgleich er schweres Handwerkszeug, u.a. ein Bügeleisen, bei sich trug, ging er zum Förster des Herzogs, um den verdächtigen Qualm zu melden. Der Förster glaubte zu wissen, wer der Verursacher war, nahm einige bewaffnete Forstknechte mit und fand die Höhle des Räubers. Allerdings war dieser wohl gerade geflüchtet, denn ein fettes Hühnchen schmorte im Topf und die Räuberhöhle war ziemlich leer.

Doch die Hunde hatten seine Witterung aufgenommen und in den nächsten Tagen suchte man ihn in der Ecke des Waldes, wo die Spur wiedergefunden worden war, und alle männlichen Holtwicker umstellten mit ihren Püstern den Buschwinkel. Nun schloss sich der Ring immer enger um den Gesuchten, bis dieser plötzlich ausbrach und direkt auf einen Bauern zulief. Der Räuber wusste, dass die meisten Bauern auch gerne ein Stück Wild jagten. Der Herzog würde deshalb nicht verhungern und der Räuber dachte wohl, dass der Bauer kein Gendarm wäre und ihn entkommen lassen würde. Der Bauer aber glaubte dem Herzog besser zu dienen, indem er den Räuber anschoss, sodass dieser nicht mehr flüchten konnte und der Obrigkeit übergeben wurde.

# Herten

## Geschichtliches

Herten, am Rande der Emscherniederung gelegen, wurde erstmals im Urbar der Abtei Werden (Essen) verzeichnet. Die Wasserburg Herten, erstmals 1376 erwähnt, fiel im 16. Jahrhundert an Bertram von Nesselrode, der von 1539 bis 1556 kurkölnischer Statthalter im Vest war. Seit 1976 ist das Schloss im Besitz des Landschaftsverbandes Westfalen-Lippe. Auch in Herten erwies sich der Steinkohlenbergbau als Motor zur Bevölkerungsentwicklung, die 1936 in der Verleihung der Stadtrechte gipfelte. Durch die kommunale Neugliederung von 1975 wurden Herten, Westerholt und Bertlich zusammengeschlossen und es entstand die heutige Stadt.

*Das 1376 erstmals urkundlich erwähnte Schloss Herten liegt inmitten eines alten englischen Landschaftsgartens.*

# Die Ahnfrau im Schloss Herten I

In Herten liegt in einem großzügigen Landschaftsgarten das alte Schloss. Als Burg bereits im 14. Jahrhundert erwähnt, wurde das Schloss Herten mehrmals entsprechend den verschiedenen Baustilen verändert und umgebaut. Besonders sehenswert ist der Schlossgarten, der mit exotischen Baumarten aufwartet.

Auf der alten Burg lebte zwischen Emscher und dem Vestischen Höhenrücken bereits lange vor der ersten urkundlichen Erwähnung das Rittergeschlecht derer von Herten. Der Burgherr regierte kraftvoll und kämpferisch seinen Besitz, denn die Reichsgewalt war schon lange nicht mehr stark genug, um den kaiserlichen Landfrieden aufrechtzuerhalten. Die großen und kleinen Landesherren meinten daher selbst ihre „Rechte“ einfordern zu müssen.

Nicht weit von der Burg Herten entfernt wohnten auf einem anderen Herrensitz die Edlen von Schwansbell, eine Seitenlinie der Grafen von Schwansbell, die ihren Stammsitz bei Lünen an der Lippe hatten. Auch dieser Ritter war ein tüchtiger Krieger, der schon so manchen Strauß ausgefochten und vom Volksmund den respektvollen Beinamen „Kuno Ohnegrusen“ verliehen bekommen hatte. Beide Herren gerieten wegen ungenauer Grenzregelungen und dem damit verbundenen Jagdrecht, eine immer wiederkehrende Ursache adeliger Streitereien bis in die Neuzeit, in tödliche Feindschaft. Angriffe beider Ritter auf die Burgen des Gegners wurden jeweils abgeschlagen und man begnügte sich damit, den Gegner zu schädigen, indem man dessen Land verwüstete, worunter die leibeigenen Bauern besonders leiden mussten. Nachdem die Ritter schließlich auch diese Überfälle eingestellt hatten, entstand ein frostiges Nachbarschaftsverhältnis, denn beiden Herren fehlte es an Einsicht, die Sache friedlich zu bereinigen.

Der Graf von Herten hatte eine bildschöne Tochter, die nach dem Tod der geliebten Frau sein Augenstern war. Er erfüllte ihr jeden Wusch und überschüttete sie mit väterlicher Liebe. Kuno Ohnegrusen hingegen hatte einen stattlichen Sohn, der sich, wie sollte es auch anders sein, unsterblich in die schöne Nachbarin verliebte. Diese wiederum erwiderte seine Liebe und deren alter Diener unterstützte das Verhältnis der jungen Leute. Das Mädchen kam ins heiratsfähige Alter und der Graf von Herten suchte nach einer entsprechenden Verbindung unter den jungen Adeligen des Landes. Weil er keinen Sohn hatte, wollte der Graf zumindest den „richtigen“ Schwiegersohn für seine Tochter finden. Selbstverständlich wurde die Schöne nicht gefragt und nach der standesgemäßen Vorstellung des Bewerbers traf der erstaunte Vater auf den entschiedenen Widerstand des sonst so folgsamen Töchterchens. Der abgewiesene junge Adelige gab jedoch nicht auf, die Ursache für seine gescheiterte Brautwerbung zu ergründen, bis er schließlich die heimliche Liebschaft entdeckte

*Der malerische Schlosspark von Herten steht seit 1988 unter Denkmalschutz.*

und dem Burgherren den wahren Grund für seine Ablehnung mitteilte. Den Grafen erfasste ein furchtbarer Zorn auf seine Tochter, wie ihn niemand erwartet hätte, und er schwor, dem Mädchen niemals seine Zustimmung für eine Verbindung mit dem Sohn von Kuno Ohnegrusen zu geben.

Doch die junge Dame war standhaft genug, sich dem bereits abgewiesenen Freier erneut zu verweigern und der Graf wurde so zornig, dass er seine Tochter in das unterirdische Verlies einsperrte, wo nur durch ein kleines, vergittertes Fenster etwas Licht ihre trostlose Lage erhellte. Um ihr Gefängnis verlassen zu können, stellte der Graf die Bedingung, entweder den Freier zu heiraten oder auf ewig im Verlies bei Wasser und Brot zu schmoren.

Durch den treuen Diener der Jungfrau erfuhr ihr Liebster von der schmählichen Behandlung durch den zornigen Wüterich, der einst ihr liebender Vater gewesen war, und er versuchte, das Mädchen aus der unterirdischen Haft zu befreien. Dieser Versuch blieb erfolglos und der junge Mann ertrank im tiefen Burggraben, ohne seine Liebste retten zu können. Als die junge Gräfin von seinem Schicksal erfuhr, starb sie bald darauf an gebrochenen Herzen. Der Kummer hatte sie in den Tod getrieben.

Doch auch im Grab war ihr keine Ruhe vergönnt. An dem Wochentag, an dem sie verstarb, hörte man um Mitternacht klagende Geräusche aus ihrem ehemaligen Verlies und ein lautes Plätschern der Wellen im Burggraben. Der Ritter zog sich nach diesen schrecklichen Vorfällen immer mehr zurück, sein Gesicht erstarrte zu einer finsteren Maske und das Gesinde auf dem Schloss versuchte ihn, soweit es ging, zu meiden, denn er war voll Bosheit und Zorn. Schwer plagte ihn sein schlechtes Gewissen, denn alles, was er liebte, hatte er verloren. Er wälzte sich nachts, von Albträumen geplagt, ruhelos auf seiner Lagerstätte. In der Nacht des Todes seiner Tochter dröhnten um Mitternacht zwölf dunkle Glockenschläge aus der Burgkapelle zu ihm herauf. Erschöpft von seinen Albträumen und von wilden Wahnvorstellungen gejagt, schlich er an sein Fenster und erstarrte vor dem schrecklichen Anblick, der sich ihm bot: Auf der vom Mondlicht schimmernden Wasserfläche des Schlossteiches schwebte eine geisterhafte Frauenfigur, die in einem hellen, blutüberströmten Kleid ein Totengerippe trug. Mit schwebenden Schritten näherte sich dem entsetzten Grafen, bis sie plötzlich im Nebel verschwand.

Mühsam hatte sich der Graf von dem Anblick erholt, als erneut die Glocken der Burgkapelle Sturm schlugen und diesmal Kuno Ohnegrusen mit seinen Mannen das Schloss stürmte, um den Tod seines Sohnes zu rächen. Kein Waffenknecht wollte den Bösewicht verteidigen und bald erlag der Graf der feindlichen Übermacht.

Das blutüberströmte weiße Gespenst aber wurde nun in hellen Nächten mit dem Gerippe im Arm des Öfteren auf der Schlossgräfte gesehen. Sein Erscheinen war immer mit einem Unheil verbunden und daher von den Schlossbewohnern sehr gefürchtet.

## Die Ahnfrau im Schloss Herten II

Im Laufe der Jahre geriet die Sage von der schauerlichen Ahnfrau allmählich in Vergessenheit. Kaum ein Bewohner der Burg erinnerte sich noch an sie, denn neue Generationen wohnten bereits im alten Schloss. Einst saß eine junge Gräfin noch spät bei flackerndem Kerzenlicht am dunklen Tisch und wartete auf ihren Gemahl, der in dieser stürmischen Herbstnacht sein Kommen angekündigt hatte. Das Ticken der alten Standuhr begleitete ihre Gedanken. Langsam wurden ihre Augenlider immer schwerer und unruhig schlummerte die junge Frau am Tische ein.

Plötzlich kam ein heftiger Windstoß auf und sie wurde aus ihren Träumen gerissen. Als die Wolkendecke aufriss, konnte sie auf dem Schlossteich eine

*Der Renaissanceeingang von Schloss Herten.*

gespenstische Erscheinung entdecken. In einem blutroten Kleid schwebte eine Frauengestalt über das Wasser und verschwand im alten, lang ergrauten Schlossturm. Vor Schreck fiel die Gräfin in eine tiefe Ohnmacht, aus der sie nur mühsam erwachte, und ihre Kammerzofe, nach der sie mehrmals laut geklingelt hatte, erschien mit verstörter Miene, denn auch sie hatte mit den anderen Dienern die Ahnfrau erblickt.

Schon bald erfüllte sich das angekündigte Unglück der nächtlichen Erscheinung und im Morgengrauen kündigte der Wächter von der Ankunft einer kleinen Gesellschaft. Der Schlossherr war beim nächtlichen Ritt vom Pferd gerissen worden und dabei zu Tode gestürzt, niemand hatte ihm mehr helfen können. So wurde er in der Schlosskapelle in der Gruft seiner Vorfahren beigesetzt.

Auch die Ahnfrau erschien immer wieder, um Unglück auf Schloss Herten anzukündigen. Ihre Sage hat sich noch lange im Volk gehalten.

# Die Hexe aus Westerholt

In der zweiten Hälfte des 17. Jahrhunderts, als die Hexenverfolgungen in Deutschland sich dem Ende zuneigten, kam es durch den Grafen von Westerholt zu einem bösen Rückschlag. Unschuldig war Spickemanns Änneken vom Grafen in den Kerker gesperrt worden. In dem dunklen, feuchten Burgverlies legte man sie in Ketten und ließ sie Hunger und Durst leiden. Nur die Gräfin hatte Mitleid mit dem armen Mädchen und brachte ihm nachts Essen und Trinken und versorgte sogar seine schwärenden Wunden.

Der Rentmeister hatte Änneken aus Rache der Hexerei bezichtigt und sie war nach einer Befragung gefoltert und gequält worden. Der Rentmeister hatte sie zuvor auf Wunsch des Grafen in seinen Haushalt aufgenommen, denn sie war als Waise auf sich allein gestellt und genoss keinen männlichen Schutz. Obwohl sie ihre Arbeit fleißig und ordentlich verrichtet hatte, klagte sie der Rentmeister an, da sie seine Nachstellungen und Belästigungen nicht mehr hatte ertragen können und davongerannt war. Der rachsüchtige Bösewicht erzählte dem Grafen, dass sie nachts auf einem Besen durch den Schornstein reiten und sich mit anderen Hexen treffen würde. Nach einem langen Gerichtsverfahren wurde Änneken zum Tod durch Verbrennen verurteilt und schließlich 1706 hingerichtet.

Die Gräfin ließ zur Sühne dieses grauenhaften Fehlurteils eine Kapelle im Wald errichten und dort eine Schrift anbringen, die Ännekens Schmerzen und

*Traditionelle Fachwerkhäuser säumen die Straßen des Hertener Stadtteils Westerholt.*

Verlassenheit bekundeten, aber auch die Ohnmacht der Gräfin gegen das von selbstherrlichen Männern gefällte Schandurteil.

## Hexenprozesse

Es gab zwei Perioden der Hexenverfolgungen im Vest Recklinghausen. Zwischen 1580 und 1590 sowie um 1630 kam es verstärkt zu Hexenprozessen. Allerdings hatte die Obrigkeit bereits 1524 elf Frauen zum Tode verurteilt, „weil sie einen verheerenden Sturm heraufbeschworen hatten". 1607 wurde im Kurfürstentum Köln eine neue Hexenprozessordnung erlassen, die u.a. 13 Artikel enthielt, die einen Prozess rechtfertigten.
Es machte sich z.B. verdächtig, wer als verdächtig angesehen wurde und flüchtete, wie bei Spickemanns Änneken. Auch wer Zaubertöpfe und derlei andere Gegenstände verwahrte (damit wurde jede Hebamme oder heilende Kräuterfrau unter Generalverdacht gestellt), konnte angeklagt und peinlich befragt werden. Ein besonders alberner Anklagepunkt war wohl folgender: „Wer bei seiner Verhaftung Niedergeschlagenheit bekundet, ist als verdächtig anzusehen".
Der Kölner Erzbischof und Kurfürst Ferdinand aus dem Hause Wittelsbach setzte Hexenkommissare ein, die gleichzeitig die Position des Richters einnahmen und den Haft- und Folterbefehl sowie das Todesurteil verkündeten. Die viel gelobten Gerichtsschöffen wurden damit zu Statisten degradiert.
Besonders die 1631 erschienene, anfangs noch anonyme Schrift „Cautio criminalis" des Jesuiten Friedrich von Spee, die sich an Richter und Landesherren wandte, beendete die unwürdigen Hexenprozesse. Erstmalig wurden hier die Rechte der als Hexen angeklagten Frauen anerkannt, Folter verurteilt und geheime Zeugenaussagen als eindeutige Beweise infrage gestellt. Es währte aber fast noch 100 Jahre, bis in Winterberg, das damals ebenfalls zum Kurfürstentum Köln gehörte, 1728 das letzte Todesurteil bei einem Hexenprozess gefällt wurde. Der letzte Prozess in Brilon 1732 endete mit einem Freispruch. Die Hexenkommissare und Gerichtsbüttel kamen bei den Prozessen meist finanziell sehr gut weg – doch dies wäre ein eigenes Kapitel. Laut Ralf-Peter Fuchs, der die Hexenverfolgungen im Ruhr-Lippe-Raum untersuchte, stellte für das Vest Recklinghausen fest, dass die Zahl der Opfer, sofern sich diese ermitteln ließen, etwa 94 betrug.

# Der Untergang von Schloss Böckenbusch

In Herten-West stand vor vielen Hundert Jahren das prächtige Schloss Böckenbusch. Die Mauern waren aus hell leuchtendem Sandstein und im Rosengarten sangen fahrende Ritter einfühlsame Minnelieder zur Laute oder spannende Heldenweisen vergangener Tage. Hier lebte fröhlich der Ritter Heinrich mit seiner schönen Tochter Gertraude als letzte Angehörige ihres alten adeligen Geschlechts. Sie feierten die Feste, wie sie fielen, aber ihre Untertanen stöhnten unter den auferlegten Lasten. Auch der Pfarrer richtete manch mahnendes Wort an den Ritter, doch dieser lachte nur und die Festlichkeiten fanden kein Ende. Dabei hatte es nicht an göttlichen Warnungen gefehlt, die frevelhafte Prasserei zu beenden.

Die Frau des Ritters war bei der Geburt ihres letzten Kindes zusammen mit dem Neugeborenen verschieden und einige Jahre später brachte man den Sohn und Erben nach einem Jagdunfall auf einer Totenbahre zurück ins väterliche Schloss. Selbst nach diesen klaren Warnungen änderte sich das Leben der Besitzer nicht und sogar ein feuriger Komet, der drei Tage und Nächte über dem Herrschaftshaus stand und Unheil voraussagte, fand keine Beachtung.

Doch das Glück ist ein launisches Geschöpf und bleibt nie für immer am gleichen Ort. So geschah es auch auf dem Böckenbusch. Die schöne, lebensfrohe Tochter des Ritters erkrankte schwer und die Ärzte wurden gerufen. Doch alle ärztliche Kunst war vergebens und die Mediziner konnten dem Ritter nur die traurige Gewissheit mitteilen, dass nur ein Wunder die Jungfer vor dem Tode retten könne. Da ließ der Vater den Ortsgeistlichen rufen, der seinem Kind die Sterbesakramente mit auf den letzten Weg geben sollte. Gertraude verlangte auf dem Sterbebett vom Pfarrer die Auskunft, ob es im Himmel auch herrschaftliche Räume für Adelige gäbe. Da antwortete ihr der Priester: „Vor Gott sind alle Menschen gleich und die verschiedenen Stände, wie es sie auf Erden gibt, findet man in Gottes Herrlichkeit nicht." Da drehte sich das noch im Tode stolze Mädchen zur Wand und verweigerte die heiligen Sakramente. Der Ritter aber zog zornig sein Schwert und stieß es dem ehrwürdigen Geistlichen tief in die Brust, sodass dessen Leben ausgehaucht wurde und er entseelt zu Boden sank. Nach dieser unerhörten Freveltat erschauderte die Erde, die Mauern zerbarsten und ein tiefes Loch tat sich auf, in dem das Schloss mit seinen letzten Bewohnern versank.

Nur ein leichter Schwefelgeruch umwehte den Ort noch. Weder Tiere noch Pflanzen wollten hier recht gedeihen. Auch Jahrhunderte danach wachsen nur kümmerliche Büsche und Sträucher an dieser Stelle, die mit einer dünnen Rasendecke bedeckt ist. Nur einige genügsame Ziegen und Schafe können hier ein paar Gräser zupfen. Das ehemalige Schloss Böckenbusch ist mittlerweile von den meisten Menschen längst vergessen worden. Mit der Straße gleichen Namens lebt allerdings für einige wenige die Erinnerung daran weiter.

## Die Teufelsmühle bei Herten

An der Emscher stand einst eine heruntergekommene Mühle, die, nachdem der alte Müller gestorben war, an seinen Sohn überging. Die Mühle wollte im sumpfigen Emscherbruch nicht recht gedeihen, denn es gab zu wenig Bauern, die ihr Korn dort hätten mahlen können. Weil der junge Müller aber das Mühlenrecht besaß, fragte er bei der Obrigkeit im Vest nach, ob er nicht eine neue Mühle weiter nördlich am Holzbach errichten könne. Der Neubau wurde ihm genehmigt, allerdings unter der Auflage, noch vor der Ernte mit dem Bau der Mühle fertig zu sein, damit die Bauern aus der Hertener und Resser Mark ihr Korn dort mahlen lassen konnten.

Der junge Müller hatte sich also viel vorgenommen, denn er musste die schwere Arbeit des Mühlenbaus allein verrichten, einen Mühlenbauer konnte er sich nicht leisten, seine Ersparnisse waren zu gering und er war ein Fremder, der keine direkten Nachbarn hatte, die ihm helfen konnten. Die schwere Arbeit raubte ihm viel Kraft und eines Tages wurde sein geschwächter Körper von einem bösen Fieber ergriffen. Er warf sich auf sein Nachtlager in der kleinen Bauhütte, die er errichtet hatte. Diese missliche Situation nutzte der Teufel aus und bot ihm seine Unterstützung an, ja er wollte ihm in einer Nacht die Mühle mit den Mahlsteinen und dem Mühlrad erstellen. Schon vor dem ersten Hahnenschrei sollte die Mühle mit ihrer gesamten Technik fertig sein, wenn ihm der junge Müller dafür seine Seele verschrieb. Dieser erschrak fürchterlich, doch der Teufel drängte ihn immer wieder mit dem Hinweis, die Mühle allein nicht vor der Ernte fertigstellen zu können. Schließlich wollten die Zimmerleute und Schmiede auch bezahlt werden, da sie sich nicht nur mit Schuldverschreibungen zufriedengaben. Mit seinem eigenen Blut musste der junge Mann seinen Vertrag mit dem Satan unterschreiben, ehe dieser in der folgenden Nacht sein Werk begann.

In sagenhafter Geschwindigkeit wuchs die Mühle und der Müller, er hatte sich im Gebüsch versteckt, hörte das eifrige Pochen vieler Hämmer, die im Innern der neuen Mühle die Bottiche und Vorratskästen für Getreide und Mehl fertigten. Nur die auf der Wiese lagernden Mühlsteine mussten noch eingebaut werden. Der Morgen graute schon von Osten heran, als der junge Müller einen der Mühlsteine schnell ins Wasser des Mühlenteichs rollte und diesen versenkte.

Da ertönte der erste Hahnenschrei. Der Müller lief in die Mühle und rief dem Teufel zu: „Hast du den Hahnenschrei gehört, damit konntest du deinen Vertrag nicht einhalten, denn nicht die ganze Mühle ist fertig geworden!" Daraufhin wurde der Teufel so wütend, dass er den anderen Mahlstein nahm und ihn mit Macht in die

*Die Zeche Ewald in Herten.*

Luft warf, sodass dieser ein großes Loch ins Mühlendach riss und der Müller ohnmächtig zu Boden sank.

Als er wieder zu sich kam, besah er sich die Schäden und glaubte auch ohne die Hilfe des Teufels den Bau in der eingeräumten Frist vollenden zu können. Da er diesen ja um seine Seele betrogen hatte, wich ein mulmiges Gefühl jedoch nicht von ihm. Der Müller zog bald in die Mühle, die dann ihr Mahlwerk begann und ihn zu einem reichen Manne werden ließ.

Doch der Leibhaftige hatte ihn nicht vergessen, denn als der Vertrag abgelaufen war, fanden die Bauern den Müller mit gebrochenem Genick am Mühlenteich liegen. Da niemand wagte, das Erbe des Müllers in Besitz zu nehmen, verfiel die Mühle bis auf die Grundmauern.

## Der Kobold in der Bruchfeldmühle

An der südlichen Katzenbuschstraße in Richtung Stuckenbusch liegen heute noch einige Mauerreste der alten Bruchfeldmühle mit einem Mühlstein. Noch lange erzählten sich die Hertener folgende Sage: An einem verregneten, düsteren Abend klopfte jemand an das Mühlenfenster. Der Müller schreckte hoch und rief: „Wer will denn noch zu später Stunde etwas haben? Wer ist denn überhaupt da draußen?“ Daraufhin meldete sich eine etwas zaghafte Männerstimme: „Beherbergt mich doch nur für die eine Nacht. Ich bin in der Dunkelheit vom Weg abgekommen und habe mich verirrt.“ Der Müller nahm seine Laterne und öffnete bedächtig die schwere Mühlentür. Trotzdem bekam er einen gewaltigen Schreck: Vor ihm stand ein Mann mit einem schwarzen Ungeheuer an einer eisernen Kette! Der Mann stellte sich bescheiden vor: „Ich bin ein wandernder Bärenführer und weiß bei Regen und Dunkelheit nicht, wohin mit meinem Tier. Ich will ja auch nur eine Nacht bleiben.“

Der Müller ließ sich erweichen, allerdings hatte er Bedenken wegen des Bären. „Gut, ihr könnt auf der Ofenbank schlafen, aber wohin mit dem Tier?“ Der Fremde schlug dem Müller vor, den Bären in die Mühle zu stecken und ihn mit der Kette festzubinden. Daraufhin sagte der Müller: „Eigentlich sollte das gehen, aber nachts kommt öfters ein Kobold in die Mühle, der mir schon viel Ärger bereitet hat. Er wird euer Tier mit seinen groben Scherzen tüchtig angehen.“

„Um den Bären solltet ihr euch nicht sorgen, Müller! Vor dem Kobold hat mein Schwarzbär keine Angst.“ Also wurde der Bär in der Mühle an die Kette gelegt, der Bärenführer gab ihm noch ein wenig Futter und sein Meister legte sich beruhigt auf die Ofenbank, um zu schlafen. Um Mitternacht aber wachten die Männer von einem furchtbaren Getöse in der Mühle auf. Offensichtlich ging es ziemlich wild zu, denn neben dem Klirren der langen Kette hörte man den Bären böse brummen und ein jämmerliches Quieken – wie von einem Schwein, das gerade getötet wird. Der Müller kam zu dem Bärenführer und sagte: „Ich habe es euch ja prophezeit, der Kobold hat keine Angst, auch nicht vor eurem Tier!“ Da lachte der Mann und konterte: „Ich schätze, es ist eher umgekehrt, mein Bär wird schon mit dem Frechling fertigwerden.“

In der Mühle wurde es ruhig, es ertönte nur noch ein schriller Schrei – dann platschte etwas in den Mühlenteich und es trat Stille ein.

Neugierig gingen die beiden Männer am nächsten Morgen in die Mühle und fanden einen schlafenden Bären vor. Vom Kobold war keine Spur mehr zu entdecken. Offensichtlich hatte der Bär dem Kobold eine ordentliche Lektion erteilt, denn er wurde seitdem nicht mehr gesehen – sehr zur Freude des Müllers.

Nachdem ein Jahr vergangen war, klopfte es wieder abends an die Mühlentür und vorsichtig erschien ein dicker Kopf im Türrahmen – der Kobold! Der Müller erschrak, als der Kobold ihn fragte: „Müller, lebt eure große, schwarze Katze noch?“ Sofort fiel ihm der Bär ein und er antwortete mit einem tüchtigen Nicken: „Jau, Jau, se liäwet noch! Un siem schwatte Jungen hädd se krieggen!“ – „Ja, ja, sie lebt noch! Und sieben schwarze Jungen hat sie bekommen!“

Blitzschnell schlug da der Kobold die Tür zu und vergaß seitdem wiederzukommen.

# Marl

## Geschichtliches

Als „Meronhlare“ wurde Marl um 900 im berühmten Heberegister des Klosters Werden verzeichnet. Die Pfarrkirche St. Georg, wohl zu Beginn des 12. Jahrhunderts erbaut, stand später unter dem Patronat der Herren von Loe, die auf der Wasserburg Marl residierten. Landwirtschaft, Leinenweberei und Papierherstellung beherrschten bis zum Ende des 19. Jahrhunderts das wirtschaftliche Auskommen der Menschen. Der Bergbau beeinflusste ab dem Beginn des 20. Jahrhunderts die Siedlungstätigkeit und Bevölkerungsentwicklung positiv, sodass Marl 1936 zur Stadt erhoben wurde. Durch den Aufbau der Chemischen Werke Hüls von 1938 bis 1940 erweiterte sich der Name der 1975 mit Teilen von Hamm und Polsum zusammengelegten Stadt zu Marl-Hüls.

## Die wilde Hummel – Judith von Loe

Der Dreißigjährige Krieg brachte auch nach Westfalen viel Unruhe. Fremde Kriegsvölker zogen eine Schneise der Verwüstung durch die westfälischen Territorien. Sie raubten, mordeten, schändeten und verwüsteten besonders das flache Land. Auch die Verbündeten der jeweiligen Landesherren und selbst deren eigene Soldaten benahmen sich meist nicht besser. Grimmelshausen beschreibt in seinem „Simplicissimus“ in unnachahmlicher, teilweise naiv-humoristischer Weise, wie die Soldateska auf dem Lande gnadenlos mit den Menschen umging. Nachdem der Westfälische Frieden 1648 von allen Kongressteilnehmern unterschrieben worden war, blieben in vielen Regionen noch feindliche Soldaten stationiert, um die vereinbarten Kontributionen der Bevölkerung in ihren Besitz zu bringen.

So quartierten sich eines Tages schwedische Reiter mit ihrem Oberst auf Schloss Loe bei Marl ein. Schlossbesitzer Friedrich von Loe sah dies natürlich nicht gern, hatte er doch zwei Töchter, Wilhelmine und Judith, die unter dem rohen Reitervolk nicht gerade in bester Gesellschaft waren. Nun unterschieden sich die Mädchen doch sehr voneinander, Wilhelmine war sanft und häuslich, während ihre Schwester als genaues Gegenteil übermütig und wild war. Ungewöhnlich für eine junge Dame aus adeligem Haus, ritt sie mit den Offizieren und anderen Adeligen gern zur Jagd, hetzte die Hasen auf der Heide und jagte über die Felder der armen Bauern.

Dann trat etwas völlig Unerwartetes ein: Zwischen der wilden Judith und dem schwedischen Obersten entwickelten sich zarte Bande, die darin gipfelte, dass der Oberst um ihre Hand anhielt. Dem Freiherrn als katholischer Standesherr des Bischofs gefiel die Werbung allerdings nicht, da die Schweden Protestanten waren. Er verweigerte also die Eheschließung und es kam zur schweren Trennung des Paares, weil der Oberst mit seinen Reitern nach Bremen versetzt wurde. Dort wehrten sich die Bürger dagegen, schwedische Untertanen zu werden.

Einige Wochen später musste der Freiherr nach Buer reiten, um eine Musterung von Ritterpferden vorzunehmen. In der Dämmerung ritt er los, als er plötzlich eine unheimliche Begegnung hatte. Ein dunkel gekleideter Reiter verwickelte ihn in ein schnell aufflammendes Wortgefecht, das sich schließlich zu einem Degenkampf entwickelte. Daraufhin sank der Herr von Loe zu Tode getroffen vom Pferd. Alles ging so schnell, dass der hinter ihm reitende Knecht viel zu spät kam, um seinem Herrn zu helfen, und nur noch einen unbekannten Reiter in die dunkelnde Nacht davonjagen sah. Der Reitknecht brachte die Leiche seines Herren zum Schloss Loe, wo bereits große Bestürzung herrschte, da das Fräulein Judith verschwunden war. Die fürchterlichen Vorfälle lösten bei den Angehörigen und Bediensteten tiefe Trauer aus und schnell verbreitete sich das Gerücht, Judith von Loe sei mitschuldig am Tod ihres Vaters.

Alles Suchen war vergeblich. Judith blieb unauffindbar und die Leute erzählten, dass sie nach Bremen geflohen sei, wo der schwedische Oberst mit seinen Leuten stationiert war.

Nach wenigen Jahren heiratete Wilhelmine, Judiths jüngere und sanfte Schwester, den Freiherrn von Wydenbrück, der in Diensten des Fürstbischofs von Münster, Bernhard von Galen, stand. Weil das Fräulein Judith verschwunden blieb, erbten nur Judith und nach damaliger Rechtsauffassung auch der Freiherr von Wydenbrück das Schloss Loe, denn Frauen standen stets unter der Vormundschaft ihrer männlichen Angehörigen.

Die Sommermonate verlebte der Freiherr mit seiner Familie auf dem Schloss, wenn er nicht für seinen Herrn, den kriegerischen Bischof von Bernd von Galen, auf diplomatischer Mission war. Bei einem dieser sommerlichen Besuche auf Schloss Loe

*Als Naherholungsgebiet ist die Heide besonders beliebt.*

fand er allerdings das Tor verschlossen, bis ihm endlich ein in schwedische Reiteruniform gekleideter, bärtiger Mann auf der Zugbrücke entgegentrat und ihn aufforderte, zurückzuweichen, wobei er diese Anweisung mit einer Muskete bekräftigte. Der Freiherr aber war ein mutiger Mann, gab sich als Besitzer der Burg zu erkennen und forderte Einlass. Der schwedische Reiter gab daraufhin einen Warnschuss ab und der Herr von Wydenbrück ritt zum Pastor nach Marl, von dem er erfuhr, dass der schwedische Soldat mit seiner Mannschaft seit einigen Tagen die Burg besetzt hielt. Die Schweden hatten sich gut auf eine eventuelle Belagerung vorbereitet, indem sie sich entsprechend verproviantiert, die Verteidigungsanlage instand gesetzt und sogar Kühe und Pferde im Schlosskeller untergebracht hatten. Sogar eine Schildwache war auf der nun gesicherten Zugbrücke aufgezogen, als wären die alten Ritterzeiten wieder angebrochen.

Der Freiherr und seine Familie waren überaus erstaunt. Bereits am frühen Morgen des nächsten Tages wurde eine Botschaft abgegeben, in der der neue Schlossbesitzer den Freiherrn zu einem Treffen am nächsten Morgen auf der Marler Heide aufforderte. Wie bereits erwähnt, war der Freiherr nicht feige. Mit Degen und Pistolen bewaffnet und begleitet von seinem treuen Knecht, ritt er zu dem vereinbarten Treffpunkt, wo er bereits von einem Reiter in schwedischer Uniform erwartet wurde. Dieser rief ihm zu: „Erkennst du mich, deine Schwägerin Judith von Loe, nicht mehr? Als älteste Erbtochter habe ich nur mein Eigentum wieder an mich genommen und dies wie du für die nächsten 15 Jahre. Dann wollen wir den Gesamtbesitz teilen. Sicherlich seid ihr damit einverstanden, sonst liegen wir in ritterlicher Fehde.“ Nach diesen Worten wendete Judith das Pferd und ließ den immer noch erstaunten Freiherrn mit seinem Knecht auf der kahlen Heide zurück.

Da der Freiherr nun nichts erreichen konnte, ritt er zurück nach Münster und bat seinen Herrn, den Fürstbischof, um Unterstützung, denn er konnte schlecht eine Ritterfehde wie in alten Zeiten vom Zaun brechen. Der Bischof ging den diplomatischen Weg und sandte ein Schreiben an den Erzbischof von Köln, den Landesherrn im Vest, und bat ihn um Unterstützung gegen den eindeutigen Rechtsbruch der Judith von Loe. Bald darauf kam die Einwilligung des Erzbischofs, die Besatzer zu vertreiben. Eine Abteilung von 50 Soldaten wurde zusammengestellt, die unter dem Befehl des Ritterschaftsmarschalls die zum Schloss gehörenden Gebäude besetzten und die Burg von allen Zufuhren abriegelten.

Sechs Wochen trotzten die Besatzer der Belagerung, bis endlich die weiße Fahne gehisst wurde und Judith von Loe sich zu Verhandlungen bereiterklärte. Der Marschall vereinbarte einen freien Abzug für die Schweden und eine Entschädigung von 3.000 Talern für das Fräulein und deren Verzicht auf ihr Erbe. Das Fräulein von Loe verließ nun endgültig ihre Heimat und das Gesinde der Burg wusste zu erzählen, dass Judith in Männerkleidern als Jongherr von Gent von Oyen wie viele andere Deutsche auch in schwedische Dienste eingetreten war, wo sie es bis zum Rittmeister brachte. Nach einem Streit mit ihrem Geliebten, dem Oberst, war dieser nach Schweden zurückgekehrt und hatte dort das Geheimnis der Freiin Judith von Loe aufgedeckt. Judith musste natürlich ihr Regiment verlassen, schaffte es aber, einige Anhänger zu gewinnen, mit denen sie Schloss Loe besetzte.

Jahre später konnte der Freiherr von Wydenbrück einem der fliegenden Blätter entnehmen, dass in der Eifel ein Eremit gestorben sei, bei dem ein goldenes Medaillon mit Frauenhaaren und dem Wappen derer von Loe gefunden wurde. Der Freiherr und seine Familien glaubten, dass es sich hierbei um die ehemalige „wilde Hummel“ Judith von Loe handelte, die sich in ihren letzten Jahren von der Welt in die Berglandschaft der Eifel zurückgezogen hatte.

## Der Knabe im Moor

Annette von Droste-Hülshoff

*O schaurig ist's übers Moor zu gehn,*
*Wenn der Röhrich knistert im Hauche!*

*Fest hält die Fiebel das zitternde Kind*
*Und rennt, als ob man es jage;*
*Hohl über die Fläche sauset der Wind –*
*Was raschelt drüben am Hage?*
*Das ist der gespenstische Gräberknecht,*
*Der dem Meister die besten Torfe verzecht;*
*Hu, hu, es bricht wie ein irres Rind!*
*Hinducket das Knäblein zage.*

*Vom Ufer starret Gestumpf hervor,*
*Unheimlich nicket die Föhre,*
*Der Knabe rennt, gespannt das Ohr,*
*Durch Riesenhalme wie Speere;*
*Und wie es rieselt und knittert darin!*
*Das ist die unselige Spinnerin,*
*Das ist die gebannte Spinnenlenor',*
*Die den Haspel dreht im Geröhre!*

*Voran, voran! Nur immer im Lauf,*
*Voran, als wollt es ihn holen!*
*Vor seinem Fuße brodelt es auf,*
*Es pfeift ihm unter den Sohlen,*
*Wie eine gespenstige Melodei;*
*Das ist der Geigemann ungetreu,*
*Das ist der diebische Fiedler Knauf,*
*Der den Hochzeitheller gestohlen!*

*Da birst das Moor, ein Seufzer geht*
*Hervor aus der klaffenden Höhle;*
*Weh, weh, da ruft die verdammte Margret:*
*„Ho, ho, meine arme Seele!"*
*Der Knabe springt wie ein wundes Reh;*
*Wär' nicht Schutzengel in seiner Näh',*
*Seine bleichenden Knöchelchen fände spät*
*Ein Gräber im Moorgeschwele.*

*Da mählich gründet der Boden sich,*
*Und drüben neben der Weide,*
*Die Lampe flimmert so heimatlich,*
*Der Knabe steht an der Scheide.*
*Tief atmet er auf, zum Moor zurück*
*Noch immer wirft er den scheuen Blick:*
*Ja, im Geröhre war's fürchterlich,*
*O schaurig war's in der Heide.*

## Der Spuk in der Heide

Die ausgedehnten Heidelandschaften waren den Menschen schon immer unheimlich und besonders in der Dunkelheit vermied man es, einsame Heidewege zu begehen. Der Ausspruch „Es dunkelt schon in der Heide" ist als Mahnung und Warnung zu verstehen, sich schnellstens auf den Heimweg zu machen. In den Heidegebieten um Kirchhellen kannte man diese Warnungen natürlich auch, wenn auch die Heidegebiete im Münsterland eine sehr viel größere Fläche in Anspruch

*Die Westruper Heide bei Haltern hütet so manches Geheimnis.*

nahmen. So spukte es auch in den Heidelandschaften zwischen Polsum und Scholven. Es waren die gleichen Spukgestalten, wie sie Annette von Droste-Hülshoff im „Knaben im Moor“ beschreibt, die dort in der Nacht ihr Unwesen trieben. Immer wieder begegnet uns der reuige Grenzsteinversetzer, der keinen ewigen Schlaf finden kann, oder die gespenstische Spinnerin, die den Flachs teilweise behalten hat, oder der ungetreue Verwalter, der seinen Herrn betrogen hat. Sie alle huschten heulend und wehklagend durch die nächtliche Heide und versetzten den Wanderer in Angst und Schrecken, sodass so mancher den Weg verlor und im Moor versank. In besonders furchtbare Angst versetzte die Bewohner der Heidegegenden das „gleinige Perre met de gleinige Kutsche“, das glühende Pferd mit der glühenden Kutsche. Dieses Gespann raste über die Heide, ohne dass jemand wusste, wer das Gefährt lenkte oder wer darin saß.

### Heideromantik

Gedichte, Sagen und Erzählungen über die Heidelandschaften entwickelten sich besonders seit der Romantik. Annette von Droste-Hülshoff hat z.B. in Gedichten wie „Der Knabe im Moor", „Der Hünenstein" oder „Das Hirtenfeuer" das für viele Unheimliche dieser noch vor 200 Jahren in Westfalen weit verbreiteten Landschaftsform literarisch eindrucksvoll bearbeitet. Mittlerweile sind viele Schafherden verschwunden und die Heideflächen aufgeforstet worden. Mit dem Naturschutzgebiet Westruper Heide oder der Vogelsheide bei Haltern haben sich besonders im Norden des Kreises Recklinghausen noch ursprüngliche Heidegebiete erhalten.

## Der Teufel in der Marler Mühle

An einem nebeligen Herbsttag saß der Müller der alten Marler Mühle recht trübsinnig am Küchentisch. Irgendwie lief ihm alles aus dem Ruder: Die Bauern hatten wegen der schlechten Ernte nicht viel Getreide zum Mahlen gebracht, den Müllerburschen konnte er kaum bezahlen und nun war auch noch das alte Mühlrad zerbrochen. Jetzt musste er sich Geld leihen, denn viel hatte er nicht sparen können. Doch wenn sich das Rad nicht drehte, konnte er nichts verdienen. Wütend hieb er auf den Tisch: „Das geht ja mit dem Teufel zu", sagte er. Als er so weiter vor sich hin schimpfte, klopfte es an der Tür und ein grün gekleideter Jägersmann mit einer kecken langen Fasanenfeder am Hut betrat die Stube. Der grün Gekleidete fragte den Müller, warum er so zornig sei. Der Müller, froh über einen Zuhörer, erzählte von seiner Pechsträhne bis hin zum zerbrochenen Mühlrad. Seine Laune besserte sich ein wenig, denn endlich konnte er Dampf ablassen. Als er dem Fremden sein Leid klagte, wurde ihm gewahr, dass dessen linkes Bein in einem Pferdefuß endete. Jetzt war ihm klar, wer sich in der Jägerkleidung verbarg. Doch als mutiger und gewitzter Mann ließ er sich nichts anmerken und erzählte weiter. Als ihm der Fremde schließlich Hilfe anbot, dafür aber seine Seele forderte, beschloss er, ihn zu überlisten. Schnell legte der Satan einen Vertrag auf den Tisch, setzte eine ordentliche Summe ein und forderte den Müller auf, zu unterschreiben. Er habe keine Tinte in seiner Mühle, weil er ja gar nicht richtig schreiben könne, log der Müller. Für ihn und seinen Beruf sei nur das Rechnen wichtig. Doch der Teufel ließ nicht locker – dann müsse er eben mit seinem Blut unterschreiben, sonst gäbe es keinen roten Heller. Schließlich wollte der Gottseibeiuns bei der Unterschrift sogar die Hand des Müllers führen, doch da beklagte sich dieser über die abscheulichen langen Fingernägel des Teufels und forderte ihn auf, die Nägel abzuschneiden. Natürlich hatte dieser keine Schere zur Hand und der Müller holte geschwind eine stumpfe Schere, die kaum noch schnitt. Weil der Teufel so zappelte, musste er schließlich seine Hände in einen Schraubstock stecken, damit die langen Krallen geschnitten werden konnten. Der Müller aber, kaum hatte der Jägersmann zugestimmt, drehte den Schraubstock mit aller Kraft zu, sodass der Teufel anfing zu fluchen und zu jammern. Der Müllerbursche musste den Teufel bewachen, als der Müller nun schnell seine Nachbarn herbeiholte. Zusammen schlugen sie den Teufel mit derben Knüppeln, bis dieser flehte, sein gesamtes Geld dem Müller zu überlassen, wenn er ihn nur befreien würde. Der Mühlenbesitzer aber setzte schnell ein Schriftstück auf, in dem sein Gefangener ihm versprach, nie wieder die Mühle zu behelligen, was mit der Unterschrift des Teufels bekräftigt wurde. Dieser fuhr nun mit wütendem Gebrüll zum offenen Fenster hinaus in die Lüfte.

Der Müller aber war seiner Sorgen ledig und konnte endlich, ohne Schulden zu machen, das Mühlrad reparieren lassen und den Mühlenknecht gut entlohnen.

## War immer der „Teufel“ gemeint?

Teufelssagen gibt es überall und in allen möglichen Variationen. Manchmal ist der Teufel sogar gutmütig und hilft armen Menschen vor dem Untergang oder er bewahrt Unschuldige vor dem sicheren Tod (z.B. „Der Teufel als Onkel“ im Buch „Sagenhafter Hellweg“). Meist aber verlangt er für den Verleih von Geld nach einer entsprechenden Frist die Seele des in Not Geratenen (z.B. in „Die Teufelsmühle bei Herten“ oder „Der Teufel und der Schuster zu Brauck“).

Geldverleih lag seit dem Mittelalter in jüdischen Händen, nur die geistlichen Ritterorden bildeten eine Ausnahme. Ab dem 15./16. Jahrhundert kam es zur Internationalisierung des Handels und der Bankgeschäfte durch die Hanse, Medici, Fugger, Welser und andere Handels- und Bankhäuser. Die großen Geldhäuser gaben sich dabei nicht mit kleinen Kreditgeschäften ab, ihre Kundschaft waren der Adel und die Kirche, sodass der Geldverleih auf dem Lande weiterhin in den Händen jüdischer Händler blieb. Da es den Juden seit dem Mittelalter verboten war, Landbesitz zu erwerben oder ein Handwerk auszuüben, konnten sie sich im Grunde nur als Händler durchschlagen. In den größeren Städten, in denen eine Aufenthaltserlaubnis bestand, lebten sie meist ärmlich und dicht gedrängt in Ghettos zusammen. Die Zinsen waren ziemlich hoch, da die Landesherren von den Juden exorbitante Steuern für die Erlaubnis verlangten, in ihren Ländereien leben zu dürfen. Die Aufenthaltsdauer war immer limitiert und musste immer wieder neu verhandelt werden. Als „Schutzjuden“ waren sie so gezwungen, hohe Zinsen zu nehmen, um selbst überleben zu können. Von diesen Zwängen wusste die nichtjüdische Bevölkerung nichts und glaubte, die Juden würden aus Habgier oder um den Christen zu schaden hohe Zinsen verlangen.

Weil es keine allgemeinen Steuern gab – Adel und Geistlichkeit waren von jeglichen Abgaben befreit –, verlangten die Landesherren immer wieder Geld von den Juden, denn die repräsentativen Schlösser, prachtvolle Kleidung und üppigen Feste bei Hof überstiegen meist ihre finanziellen Möglichkeiten. Auch in anderen europäischen Ländern wurden Juden verfolgt und mussten sich bis weit ins 20. Jahrhundert besonders gegen die Anfeindungen der katholischen Kirche wehren. Der Holocaust war der grauenhafte Höhepunkt der Judenverfolgung in Europa.

# Oer-Erkenschwick

## Geschichtliches

1160 wurde Oer erstmalig erwähnt. Vermutlich aus einem kaiserlichen Reichshof und Kirchspiel entstanden, gehörte es schon im 12. Jahrhundert zum Domkapitel zu Köln. Die Pfarrkirche St. Peter fand erstmals 1268 Erwähnung. Die Bauerschaft Erkenschwick befand sich im Kirchspiel Recklinghausen und wurde erstmals 1150 genannt. So waren beide Ortschaften bis 1802 Teile des Erzbistums Köln. 1815 kamen sie zu Preußen. Ende des Jahrhunderts schwoll, bedingt durch den Bergbau, der Zuzug polnischstämmiger Bergleute rapide an. 1953 erhielt Oer-Erkenschwick schließlich die Stadtrechte verliehen.

## Der Werwolf

Sagen über Werwölfe in Westfalen gibt es eine ganze Reihe. Darin strafen die starken Tiere mit den scharfen Raubtierzähnen die Menschen meist. Oft treiben sie sich in einsamen Gegenden herum und erschrecken die Menschen zu Tode. Die eigentlich verzauberten Männer können ihr Handeln hinterher selbst nicht immer begreifen. Solange noch Wölfe in unseren Wäldern lebten, wurden Geschichten von diesen mythischen Wesen erzählt.

So hatte der Bauer Heidenreich aus der Haard einst ein abscheuliches Erlebnis, als er sich von der Bauerschaft Siepen aus auf den Heimweg machte. An einem Samstagabend war er bei einem Schuster, der seine Kunden auch rasieren und ihre Haare schneiden konnte (die Schusterei allein war nicht sehr ertragreich in der Haard), um sich für den sonntäglichen Kirchgang in Oer putzen zu lassen. Beim Heimweg über Wiesen- und Waldwege musste er auf einem schmalen Steg einen Bachlauf überqueren. Doch vor dem Brückensteg entdeckte er zu seinem Entsetzen einen Werwolf,

*Wer weiß, was sich hier bei Vollmond ereignet hat …*

der ihm im Halbdunkel des Waldes mit leuchtenden Augen auflauerte. Da hielt den Heidenreich nichts mehr – voller Angst rannte er durch das Bächlein, stolperte über eine Wurzel und fiel zu Boden. Er raffte sich wieder auf und lief erbärmlich schreiend durch sumpfiges Gelände zu seinem Häuschen.

Zitternd dort angekommen, erzählte er mit hastigen Worten von seiner unheimlichen Begegnung mit dem Untier, das ihn von seinem Weg abgebracht hatte. Seine Frau aber blieb ruhig, sie zog ihm die nasse und verdreckte Kleidung aus, rollte ihn in ein großes Betttuch und stellte ihm eine Kerze ans Bett. Dann verbrannte sie einige Heidekräuter in einer Schale und gab einen geweihten Palmenzweig sowie Buchsbaumblätter dazu. Mit dem Rauch vertrieb sie böse Geister und andere schädliche Zauberkräfte, sodass sich der alte Bauer von seinem Schrecken erholen konnte und wieder gesund wurde.

## Die Stiftung der Vesperglocke I

Aus purem Übermut hatte einst ein Herr von Ossendorp (von Ostendorf, siehe auch „Der Herr von Ostendorf") einige Bauernkaten in Oer in Brand gesteckt. Als diese brannten, soll er höhnisch gerufen haben: „Ich will doch mal die Oerschen ‚Kodden' (Ferkel) richtig quieken hören." Damit spielte er wohl auf die weithin bekannte und erfolgreiche Schweinezucht der Oerer Bauern an. Natürlich fanden die Bauern das überhaupt nicht lustig, genauso wenig wie den Spitznamen „Oersche Kodden", mit dem der Herr von Ossendorp sie verhöhnt hatte. Als Buße soll der von Ostendorf die Vesperglocke gestiftet haben, die der Küster von nun an zur Vesperzeit läuten und dabei das „Salve Regina" singen sollte.

## Die Stiftung der Vesperglocke II

Es gibt noch eine andere Sage zur Stiftung der Vesperglocke in Oer, die einen glaubwürdigeren Hintergrund hat: Ein adeliger Herr hatte sich in der weglosen Haard verirrt. Als er jedoch die Glocke von Oer hörte, führte diese ihn auf den richtigen Weg zurück zum damals kleinen Dorf. Dankerfüllt ging er zum Pfarrer und machte eine Stiftung. Von nun an wurde die Glocke immer zur Vesper geläutet.

## Das Männlein in der Haard

Viele Sagen und Erinnerungen unserer Vorfahren sind längst aus dem Gedächtnis der Menschen verschwunden, wie auch die Sage von dem Männlein in der Haard, das zu nächtlicher Stunde den späten Wanderer erschreckte: Wenn in mondklaren Nächten ein Wanderer mühsam seinen Weg durch die Haard suchte, konnte es passieren, dass plötzlich hinter ihm ein kleines Männchen erschien, das bei jedem Schritt zu einer riesigen Größe anwuchs. Wenn der Wanderer die Gestalt bemerkte, musste er sich nicht fürchten, denn ein bestimmter Spruch des Alten Testaments konnte ihn retten, wenn er ihn der Gestalt aufsagte. Der Spuk wurde dadurch gebannt, das Männlein schrumpfte wieder auf seine ursprüngliche Größe zurück und landete auf der Höhe des sagenumwobenen Stimbergs.

Hatte der Wanderer einen längeren Weg zu bewältigen, konnte es geschehen, dass die zwergenhafte Gestalt noch einmal erschien, aber durch die genannte Bannformel wieder erlöst wurde.

# Recklinghausen

## Geschichtliches

Der Hauptort des Vestes Recklinghausen wurde bereits 1017 urkundlich erwähnt. Wahrscheinlich war hier aber schon eine frühere karolingische Siedlung vorhanden. Ab dem 12. Jahrhundert bestand eine befestigte Hofsiedlung, die sich im 13. Jahrhundert mit der Petruskirche zu einer größeren Marktsiedlung entwickelte. Erst mit dem Ende des 12. Jahrhunderts kam Recklinghausen an das Hochstift Köln und wuchs u.a. durch die Hochgerichtsbarkeit zwischen Lippe und Emscher und die 1236 erfolgte Verleihung der Stadtrechte zum Zentrum des Vestes Recklinghausen heran. Die Stadtmauern und Türme wurden im Zuge der wachsenden Bedeutung der Stadt immer mehr verstärkt und der überregionale Handel durch die Mitgliedschaft in der Hanse weiter ausgebaut. Als Hauptort des von Köln und den anderen westfälischen Besitzungen isoliert liegenden Vestes wurde in Recklinghausen eine Münzstätte und später der Amtssitz des kurkölnischen Statthalters eingerichtet. Ab 1803 wurde Recklinghausen Residenzstadt des Herzogtums Arenberg. Die Stadt gehörte von 1811 bis 1813 zum napoleonischen Großherzogtum Berg und kam 1816 zu Preußen. Mit der Stilllegung der Zechen Ende der 70er-Jahre des 20. Jahrhunderts endete auch in Recklinghausen der Steinkohlenbergbau. Ein kultureller Höhepunkt sind die seit 1965 bestehenden Ruhrfestspiele, die mittlerweile sogar von internationaler Bedeutung sind.

# Der Mord auf Haus Niering

Nahe der Halterner Straße in der ehemaligen Bauerschaft Speckhorn bei Recklinghausen liegt das adelige Haus Niering. In der zweiten Hälfte des 18. Jahrhunderts war Franz Anton von Horst der Besitzer des Anwesens und der umliegenden Wälder, die ihm wegen des hohen Wildbestandes besonders am Herzen lagen. Franz Anton war erst 24 Jahre alt, liebte neben der Jagd das Glücksspiel und hochprozentige Getränke. Ansonsten war er jähzornig und ein Mann, der nicht alle Herzen an sich zog.

Er heiratete früh Henriette Heyermann aus Duisburg, die aus einer Juristenfamilie stammte und in Recklinghausen aufgewachsen war. Im Gegensatz zu ihrem Gatten, der nur von seinen „Untertanen" sprach, war Henriette stets freundlich zu allen, angefangen vom Gutsinspektor über den Baumeister bis hin zu den einfachen Knechten, Gärtnern und Dienstmädchen. Angeblich wollte sie mit ihrer Freundlichkeit nur einen Mörder für Franz Anton von Horst finden, denn sie hatte ein heimliches Liebesverhältnis. Henriette wollte unbedingt in den Besitz des stattlichen Rittergutes mit seinen Ländereien kommen. Der einzige Weg dahin bestand darin, dass ihr Ehemann sie in seinem Testament zur Alleinerbin bestimmte. Darum hatte sie bereits bald nach der Hochzeit ihren Mann dazu gedrängt, ein entsprechendes Testament aufzusetzen. Diesem hatte zunächst zwar in seinem doch noch recht jungen Alter die Einsicht dazu

*Ein abendlicher Spaziergang in Speckhorn endet nicht für jeden glücklich.*

gefehlt, doch Henriette hatte auf einen möglichen Jagd- oder Reitunfall hingewiesen, was den von Horst schließlich davon überzeugt hatte. Ein entsprechendes Testament wurde aufgesetzt und sie zur Alleinerbin bestimmt.

Das Liebesverhältnis hatte Henriette mit dem Jura-Assessor Bergenthal aus Recklinghausen, der zwar auch noch ein junger Mann war, aber viel liebenswürdiger als ihr angetrauter Gatte. So war der Assessor häufig zu Gast auf Haus Niering, ohne dass Franz Anton Verdacht schöpfte. Es war an einem schönen Juniabend, die Tage waren lang und Henriette schlug ihren Gästen nach dem Abendessen vor, noch einen Spaziergang nach Elsgenhaus zu unternehmen. Da es nach einiger Zeit zu dämmern begann, gingen die Herrschaften jedoch bald zum Herrenhaus zurück. Man war kurz vor Haus Niering, als Henriette ihrem Mann vorschlug, doch einen kleinen Umweg zu machen und den Mühlenknecht mitzunehmen.

Kurz darauf erreichten die Gäste das Herrenhaus, als plötzlich drei Schüsse durch die abendliche Stille hallten. Das Hausgesinde rannte sofort in Richtung Obstgarten. Einer der Knechte fand den angeschossenen Franz Anton von Horst und man holte eine Trage, um den Verletzten zu bergen. Eine junge Frau blieb bei dem zu Tode Getroffenen, der ihr sterbend sagte: „Der Gärtner ist der Mörder!“ Als endlich die Trage kam, brachte man den Jungherrn in die Schlafkammer seines Hauses. Erst spät am nächsten Tag ließ Henriette den Arzt aus Recklinghausen kommen, der aber auch nur noch den Tod des Hausherrs feststellen konnte.

Der beschuldigte Gärtner wurde vom Gericht als Mörder verurteilt und auf der Recklinghäuser und Marler Richtstätte an der Kleverbeck aufgehängt. Der Gärtner hatte während des Prozesses immer wieder seine Unschuld beteuert, doch die junge Frau, die beim Tode des von Horst seine letzten Worte übermittelt hatte, blieb bei ihrer Aussage, die sich nicht mehr überprüfen ließ. Bei der öffentlichen Hinrichtung konnten die Leute mitansehen, wie dem Gärtner eine Kette um den Hals gelegt wurde und man ihn dann von der Leiter stieß. Als sich aber eine weiße Taube auf dem Galgen niederließ, ging ein Aufschrei durch die Menge: „Er ist unschuldig!“, riefen die Menschen. Doch der Freispruch kam zu spät. Allen Anfechtungen zum Trotz blieb die Witwe im Besitz des Anwesens, obwohl jahrelange Prozesse gegen sie angestrengt worden waren.

## Der Baumeister und der Teufel

Bei einem Brand im 13. Jahrhundert in Recklinghausen blieb auch die Petrikirche nicht verschont. Der Rat beschloss, eine neue, schönere Kirche zu errichten. Die Ratsherren wählten unter den Bewerbern für die Bauleitung der Kirche einen Baumeister aus, der sich erboten hatte, die Bedingungen des Stadtrates zu erfüllen. Es wurde ein Vertrag aufgesetzt, in dem sich der Baumeister verpflichtete, die Kirche

*Die katholische Propsteikirche St. Peter in Recklinghausen.*

innerhalb einer Frist von fünf Jahren zu vollenden. Nachdem die Baupläne erstellt und die Anforderungen des Rates erfüllt waren, begann man zügig mit dem Neubau der Petrikirche. Schon bald waren die alten Trümmer beseitigt, die noch brauchbaren Steine wurden von den Steinmetzen überarbeitet und gestapelt. Die Bauern der Umgebung holten eifrig neue Steine vom Steinbruch auf dem Stimberg in der Haard, doch als das Wetter umschlug und eine lange Regenperiode die unbefestigten Straßen im Schlamm versinken ließ, war oft nicht mehr genügend Baumaterial zur Hand. In der Erntezeit waren die Landleute mit dem Einbringen der Feldfrüchte beschäftigt und konnten weder Hand- noch Spanndienste beim Bau der neuen Kirche leisten, sodass dieser weiter in Verzug geriet.

Den Baumeister brachte das langsame Fortkommen um den nächtlichen Schlaf und er ging sorgenvoll um die Baustelle, als ihn plötzlich aus dem Dunkel jemand ansprach und ihn fragte, warum er in finsterer Nacht einsam um die zukünftige Kirche schleiche. Der Baumeister sah einen gut gekleideten Man vor sich stehen, dem er seine Sorgen berichtete, auch wenn ihm der Fremde unheimlich erschien – hatte er doch gesehen, wie dieser den linken Fuß beim Gehen nachzog. Der Fremde erklärte sich bereit zu helfen, wenn ihm der Baumeister dafür nach 30 Jahren seine Seele überschreiben würde.

Natürlich war dem Meister klar, wer ihm seine Hilfe anbot, doch er ging darauf ein und überlegte, wie er den Teufel überlisten könne. Mit dem Befestigen des letzten Steines sollte die Seele des Baumeisters bei Einhaltung der Frist dem Fremden gehören, der damit einverstanden war.

Nun gingen die Arbeiten wieder schneller voran. Die im Steinbruch bearbeiteten Steine konnten nun regelmäßig geliefert werden und es nahte der Zeitpunkt, den Schlussstein zu setzen. Der Meister aber gab seinem Vorarbeiter die Weisung, nicht den Schlussstein im Gewölbe einzumauern, sondern nur die Öffnung zu verkleiden.

Die Kirche wurde feierlich von der Priesterschaft geweiht, aber der Teufel erhielt trotzdem nicht die Seele des Baumeisters. Er schwor sich zu rächen, indem er aus dem Stimberg einen gewaltigen Felsstein holte, mit dem er die Petruskirche zerschmettern wollte. Inzwischen wurde die erste Heilige Messe in der Kirche gefeiert und der Weihbischof hob die Monstranz mit dem Allerheiligsten am Altar hoch. Gerade als Satan den Felsen werfen wollte, verließen ihn die Kräfte, der Brocken entglitt seinen Klauen und prallte vor dem Kirchenchor auf die Erde. Mit wütendem Gebrüll fuhr der Teufel daraufhin in die Lüfte.

## Der Teufel schwört Rache

Weil der Böse nicht die Seele des Baumeisters bekommen hatte, wollte er die Petrikirche zerstören. In einer vom Sturm zerzausten Nacht flog er zum Stimberg, packte sich einen riesigen Felsen und sauste zur Kirche, die er damit zerschmettern wollte. In dieser unheimlichen Nacht aber ging es mit dem hoch betagten Herrn von Rensing auf Burg Speckhorn zu Ende und der Vikar wurde gerufen, um ihm noch einmal das Abendmahl und die letzte Ölung zu spenden.

Der Vikar zog also mit dem Küster los, der mit einer wild flackernden Laterne versuchte, den Weg auszuleuchten. Sie waren noch keine zehn Schritte gegangen, als plötzlich aus einer mächtigen Wolke der riesige Felsen des Teufels herabstürzte! Geistesgegenwärtig hob der Priester das Allerheiligste hoch – der Stein wurde wie von Geisterhand abgelenkt und versank schließlich im Rasen. Dem Teufel aber war sein Anschlag misslungen und rasend vor Wut verschwand er in der Dunkelheit.

Als man den Baumeister befragte, warum sich die Wut des Bösen so gegen die neue Kirche richtete, legte er ein Geständnis ab und ging bis ans Ende seiner Tage in ein Kloster. Nach seinem Tod wurde der Bau vollendet, indem man einen Schlussstein einsetzte, der mit dem steinernen Profil des Baumeisterkopfes versehen wurde.

# Der Drache und der Teufel

In der Bauerschaft Hochlar, heute ein Stadtteil von Recklinghausen, früher zwischen Recklinghausen und Herten gelegen, entspringt am Fuße eines kleinen Hügels die Marpe. Vor undenklichen Zeiten hauste dort ein Drache, der alle Menschen, die er ergreifen konnte, verschlang – und zwar so vollständig, dass er sogar die Seelen in sich hineinfraß, die sich auf seinem Buckel zu einem wahren Berg häuften.

Dies war dem Teufel nicht entgangen und eines Tages forderte er von dem Drachen die Seelen der Menschen. Das Ungeheuer war aber nicht furchtsam, sondern sprang mit fauchendem Grollen auf den Bösen, der sich gerade noch in Wind verwandeln konnte, um dem Drachen zu entkommen. Erbost versuchte er das Untier mit einem Blitzstrahl zu töten, traf aber nur die Bergeskuppe, die er mit riesigem Getöse spaltete. Der Drache versteckte sich tief in seiner Höhle, der Teufel aber schäumte vor Wut und warf einen riesigen Felsen auf den Drachen, sodass dieser schwer getroffen wurde und ein dicker Blutstrom aus seinem halbzerquetschten Maul floss. Aus diesem entwickelte sich die Quelle der Marpe, die in den Resser Bach fließt.

## Der Drache im Reich der Sagen

In der Sage „Der Drache und der Teufel" verkörperten beide Hauptfiguren für den mittelalterlichen Menschen das Böse. Schon in den Mythen der Babylonier und anderer Völker des Vorderen Orients erschien der Drache als böses Fabelwesen. Dies steht im Gegensatz zur Gestalt des Drachens im ostasiatischen Raum, wo er als Glücksbringer oder Symbol der Macht (Drachenthron) gilt. Im christlichen Mittelalter bekämpfte der heilige Georg den Drachen als den Bösen, als der er empfunden wurde. In der Sagenwelt bewohnt das Untier meist tiefe Höhlen und bewacht riesige Schätze, entführt keusche Jungfrauen und wird schließlich von edlen Rittern erschlagen, wie von Siegfried in der Nibelungensage.
Offensichtlich sind in „Der Drache und der Teufel" zwei Sagen zusammengefügt worden, was nicht selten passiert, allerdings nicht in dieser Konstellation.

# Die Jungfer Prinkernell

In Recklinghausen wohnte einst die Jungfer Prinkernell. Sie war unverheiratet und lebte von dem Kramladen, den ihr ihre wohlhabenden Eltern hinterlassen hatten. Wenn sie auch schön und tugendhaft war, wollte sie doch keinen Mann ehelichen, denn sie liebte ihr Geschäft über alles. Darin verkaufte sie Stoffe und Stickutensilien und mit ihrer Magd stickte und häkelte sie oft noch bis tief in die Nacht feine Decken und Borten oder erledigte sonstige Lohnarbeiten. Wenn die jungen Leute zum Tanz gingen, so saß sie lieber am Spinnrad und im Laufe der Jahre vermehrte sich ihr Reichtum, woran sie ihre heimliche Freude hatte. Den Leuten brachte das einigen Gesprächsstoff, doch sie gingen gerne in den Laden, der ihnen eine reichhaltige Auswahl bot. Die Jungfer besuchte zwar jeden Sonntag die Heilige Messe, doch den Armen gab sie nichts von ihrem Reichtum ab. Als sie schließlich gestorben war, vererbte sie ihr Hab und Gut den Jesuiten – sehr zum Missfallen des städtischen Kämmerers, der gerne damit die Stadtkasse aufgebessert hätte.

Nicht lange nach ihrem Tod begegnete ein Mann zu nächtlicher Stunde am Stadtwall einer riesengroßen Frau in weißem Gewand, die eine hölzerne Elle und eine Waage in ihren Händen hielt. Tiefe, klagende Seufzer erfüllten die Wallstraße. Der gute Mann bekam einen gewaltigen Schrecken und konnte, als er in seinem Haus war, keinen Ton hervorbringen.

Erst am nächsten Morgen berichtete er seiner Frau, dass ihm die Jungfer Prinkernell als Klagegeist erschienen war. Waage und Elle waren die Werkzeuge, mit denen sie jahrzehntelang die Leute betrogen hatte und die sie nun zur Strafe nachts mit sich herumtragen musste. Auch anderen Mitbürgern erschien die klagende Jungfrau, bis eines Tages ein frommer Franziskanerpater aus Dorsten den Spuk bannen konnte.

Im Emscherbruch wurde sie später doch noch gesehen, wo sie tief seufzend wandelte, weil sie keine Ruhe finden konnte. Schließlich hatte sie in ihrem Leben die Menschen zu oft mit falschen Maßen und Gewichten betrogen.

# Waltrop

## Geschichtliches

Im frühen 11. Jahrhundert schenkte Erzbischof Pilgrim von Köln der Benediktinerabtei in Deutz die Kirche des Heiligen Petrus in „Wallthorpe". Im 13. Jahrhundert wurde dort ein Freistuhl erwähnt, um den sich eine Siedlung gebildet hatte. Diese bekam 1428 die Rechte einer Freiheit verliehen. 1596 wurden die Rechte erweitert und zwei Jahrmärkte konnten abgehalten werden. Erst mit der späten Industrialisierung zum Ende des 19. Jahrhunderts und dem Bau des Dortmund-Ems-Kanals verdoppelte sich die Einwohnerzahl bis 1910 auf 4.000. Stadtrechte wurden Waltrop erst 1939 verliehen. Mit der Auflösung des Amtes Waltrop 1975 bekam die Stadt ihren heutigen Zuschnitt.

*Abendlicher Ausblick auf die alte Waltroper Zeche.*

*Die Vorburg der Burg Wilbring.*

## Der Hund auf Burg Wilbring

An der östlichen Grenze des Kreises Recklinghausen stehen die von Efeu umrankten Reste des ehrwürdigen Hauses Wilbring, von dem nur noch die stattliche Vorburg bewohnt wird. Von diesem Haus wird eine Spukgeschichte von einem großen schwarzen Hund erzählt, der in den Kellerräumen hauste. Das Tier hatte riesige, glühende Augen und versetzte alle in Angst und Schrecken, die ihn aus dem Keller vertreiben wollten. Wenn die Fastenzeit begann, kam er aus seinem Gewölbe und stieg in jeder Nacht die Treppen ein Stück weiter nach oben. Bis zum Aschermittwoch hatte er es bis zum Dachboden direkt unter dem Turmhelm geschafft. Immer wieder versuchten die Burgbewohner oder andere mutige Männer aus der Umgebung, das Untier zu vertreiben. Dies war aber unmöglich, denn selbst Pistolenkugeln konnten dem schwarzen Hund nichts anhaben. Wurde der Schütze von einer zurückprellenden Kugel getroffen, so erlitt dieser eine tödliche Verletzung. Man ließ den Höllenhund schließlich in Ruhe, denn nach Aschermittwoch verschwand er wieder in seinem unterirdischen Reich.

## Die Bauernschaft Elmenhorst

Burg Wilbring liegt in der Bauerschaft Elmenhorst, war aber immer unabhängig vom gleichnamigen Hofverband. Dieser bestand aus einem Haupthof und vielen Unterhöfen. Elmenhorst, Brackel und Westhofen gehörten zum Königsgut um Dortmund und waren freie Reichshöfe – einmalig in Westfalen. Die Oberhöfe hatten eine eigene Hobsgerichtsbarkeit und Selbstverwaltung, sie konnten also ihre Richter und Schultheißen selbst wählen. Die Bewohner waren keine Leibeigenen und mussten keine Frondienste leisten, sondern nur Reichssteuern entrichten. Das Gebiet des Oberhofes Elmenhorst war recht groß, es umfasste 25 bis 30 Unterhöfe, verstreut auf mehrere Bauerschaften mit den Schwerpunkten Elmenhorst und Lippe. Ungeklärt ist, welcher Hof der Oberhof, der Haupthof, war. 1486 wird ein Alibert Schult to Elmenhorst genannt, aber auch die Höfe Nierhoff und Uphof kommen als mögliche Haupthöfe in Betracht. Letztendlich kam der Hofverband, wie viele andere auch, in den Besitz eines starken Nachbarn. Der Kurfürst von Brandenburg wurde im 17. Jahrhundert Landesherr des größeren Teils der Bauernschaft Elmenhorst, ein Teilbereich gehörte allerdings weiter zum Vest Recklinghausen und damit zu Waltrop.

# Der Untergang von Burg Dahl

Einst stand am linken Ufer der Lippe, gegenüber dem Flecken Altenbork, auf der Grenze zwischen Waltrop und Datteln, das schöne Schloss Dahl, das von einem alten Grafengeschlecht bewohnt wurde. Die Grafen hatten großen Grundbesitz, der allerdings weit verstreut lag und kein zusammenhängendes Gebiet bildete. Es wird sich also um eine Burgherrschaft gehandelt haben, bei der das Grafengeschlecht zwar von hochadeliger Abkunft war, jedoch keine Landesherrschaft herausbilden konnte.

Hier lebte einst Graf Walfried mit seiner frommen Frau Hedwig. Ihre Frömmigkeit hinderte den Grafen nicht daran, viel auf die Jagd zu gehen, seiner Fehdelust zu frönen und bei geringsten Anlässen den Fehdehandschuh zu ergreifen. Darüber war Hedwig tieftraurig und verbrachte manche Stunde in der Burgkapelle, um dort für den Grafen zu beten. An einem der höchsten Feiertage der Kirche, Ostersonntag, verspürte der Graf die wilde Lust, in seinen Wäldern zur Jagd zu reiten. Er befahl seinen Jägern und Trabanten, die Pferde zu satteln und die Hundemeute

*Efeu umrahmt heute Reste der Burg Wilbring.*

anzuleinen, um sich im Burghof zu sammeln und gemeinsam den Tieren des Waldes nachzustellen.

Da erschien die Gräfin Hedwig auf dem Burghof mit ihren Frauen und dem Schlosskaplan, um den Grafen von seinem Vorhaben abzubringen, das hochheilige Osterfest zu entweihen. Der Graf aber wollte sich durchsetzen und rief dem Kaplan herrisch zu, er solle die Messe auf den nächsten Tag verlegen, dies sei ja schließlich auch ein Ostertag, den man zur Messe nutzen könne. Dann ging es unter hellem Hörnerklang zum Burgtor hinaus und eine traurige Gräfin machte sich mit ihren Frauen auf den Weg zur Burgkapelle. Hier kniete am Fuße des Altars der Kaplan und rang im tiefen Gebet mit sich, sich der Anordnung des Grafen zu widersetzen oder die glorreiche Auferstehung Christi zu feiern.

Lange kniete er dort, bis ein Ruck durch ihn ging, er den Ministranten das Zeichen zum Beginn des Festgottesdienstes gab und das Glöckchen im Turm feierlich erklang. Als der Graf von Dale den Klang der Glocke vernahm, stoppte er mitten im Galopp sein Pferd, machte mit ihm eine Drehung und hetzte zurück zu seiner Burg. Sofort eilte er in die Burgkapelle, wo der mutige Priester gerade am Altar mit ausgebreiteten Armen den Ostersegen erteilte. Wütend schleuderte er dem Geistlichen seinen Jagdspeer in die Brust und raste, ohne ein Wort zu sagen, zurück in den Wald. Kein Wehklagen erreichte sein Herz.

Als der Erzbischof von dieser Freveltat erfuhr, forderte er den Grafen zur Sühne für den Mord auf. Doch als dieser keine Bereitschaft zeigte, rüstete er ein Heer, um die Burg des Übeltäters zu brechen und Gerechtigkeit zu üben, denn der Bischof war ja der Landesherr im Vest. Schon bald hatten seine Krieger die Burg umzingelt und von jeder Lebensmittelzufuhr abgeschnitten. Wohl hatte der Graf die Burg mit Nahrung bevorratet, doch nach dem Winter waren die Vorräte erschöpft, sodass viele Burgbewohner durch Hunger und Krankheiten starben. Auch der Sohn des Grafen wurde immer schwächer, denn auch die letzte Kuh gab keine Milch mehr. Alle anderen Tiere hatte man schlachten müssen.

Wieder war es Ostern geworden, doch kein Glöcklein rief die Burgbewohner zur Messe, der Kaplan war lange tot und niemand konnte ihnen geistigen Beistand geben. Nur der eiserne Wille des Grafen hinderte die Menschen daran, die Sakramente zu empfangen.

Da öffnete sich am frühen Morgen eine verborgene, kleine Pforte, aus der eine Magd mit einem Gefäß heraustrat, um Milch für das kranke Söhnchen der Gräfin zu beschaffen. Schon bald wurde sie von den Wachen entdeckt und vor den Bischof gebracht, dem sie die Not und aussichtslose Lage auf der Burg schilderte. Dann bat sie den Bischof um etwas Milch, der Liebe Christi willen, denn das Kind war ja genauso unschuldig wie die anderen bereits auf der Burg verstorbenen Kinder, die man ohne die Sterbesakramente verscharren musste. Das erbarmte den Bischof und er gewährte der Gräfin und den Frauen und Kindern freien Abzug. Ja, die Gräfin durfte neben dem Söhnchen auch noch ihr Liebstes mitnehmen.

Die Magd eilte, froh über die Milde des Bischofs, auf die Burg zurück und berichtete von dem großzügigen Angebot des Erzbischofs. Am gleichen Tag noch öffnete sich das Burgtor und Gräfin Hedwig trat mit ihren Frauen und Kindern hervor – an der Hand das Söhnchen und auf ihrem Rücken den Grafen, nur mit einem einfachen Wams bekleidet. Das erzürnte den Bischof heftig und er rief dem Grafen zu: „Solltest du nur mit einem Fuß mein Land berühren, wirst du Mörder auf der Stelle gehenkt." Doch Hedwig hielt sich tapfer, ging zur Lippe hinunter, wo sie eine kleine Furt kannte, überquerte den Grenzfluss und ließ den Grafen erschöpft am anderen Ufer mit den Worten nieder: „Hier sett ick di nun dahl." Dann war ihre Kraft zu Ende und sie sank halb bewusstlos ins Gras.

*Die katholische Kirche St. Petrus in Waltrop wurde im 9. oder 10. Jahrhundert als Eigenkirche der Erzbischöfe von Köln gegründet.*

Dies geschah alles unter den staunenden Blicken des bischöflichen Heeres, das nicht eingriff, aber die Burg mithilfe der untertänigen Bauern dem Erdboden gleichmachte. Graf Walfried aber ging in sich, büßte seine Schuld und änderte sein Leben. Frauen trat er nun mit Achtung entgegen, denn sie hatten ihn gerettet, und seine Jagdleidenschaft legte er fast gänzlich ab. An der Stelle, wo ihn seine Frau Hedwig auf die Erde herabgelassen hatte, baute er eine neue Burg Dahl, die noch heute an der Lippe in der Nähe von Bork zu finden ist.

## Die schwarze Kuhle in Oberwiese

Um Waltrop, „Dorf im Wald", entwickelten sich seit dem frühen Mittelalter sieben Bauerschaften: Elmenhorst, Leveringhausen, Brockenscheidt, Waltrop, Oberwiese (Döttelbeck), Holthausen und Lippe (früher Behem). Aus der Bauerschaft Oberwiese ist folgende Sage bekannt: In der Nähe der Straße nach Waltrop stand einst in der Bauerschaft Döttelbeck ein herrliches Schloss. Der Besitzer regierte sein Gesinde mit eiserner Hand und verbot sogar seinem Baumeister den Besuch der Kirche zur St.-Lorenz-Feier am 10. August. Erst müsse das reife Korn eingefahren werden, es sei ja schließlich Erntezeit und der Heilige könne sicher bis zum Abend auf den Baumeister warten, erklärte der Grundherr seinem Großknecht und dem Gesinde. Auch der Hinweis auf den Tag des Herrn nutzte nichts, der Grundherr blieb unnachgiebig, es könne ja plötzlich ein Gewitter aufziehen und die Früchte verderben, die Ernte habe Vorrang! Letztendlich beugten sich die Leute seinem Befehl und der Baumeister wünschte dem Herrn für die Schändung des Sonntags Blitz und Donner auf sein prächtiges Schloss.

Tatsächlich zog in den Mittagsstunden über dem Lippetal urplötzlich ein gewaltiges Gewitter auf, sodass die Schnitter auf dem Feld gerade noch in eine Kate am Waldesrand flüchten konnten, wo sie die aufgebrachten Pferde beruhigten und auf das Ende des Unwetters warteten. Als sie schließlich das Getreide zum Schloss brachten, war dieses verschwunden und nur noch ein schwarzer Sumpf kennzeichnete den Ort des versunkenen Schlosses.

Diese Sage beruht auf einem Bericht des Dietrich Westhof aus dem Jahr 1480, den er in der „Chronik von Soest und Dortmund" aufzeichnete. Mit dem Lorenztag ist der Laurentiustag gemeint.

# Bottrop

## Geschichtliches

Bottrop, erstmals 1150 urkundlich erwähnt, lag am westlichen Rand des alten Vestes. Mit dem Bau der Kirche St. Cyriakus bildete sich das Kirchspiel Bottrop heraus, das bis 1803 dem Vest Recklinghausen unterstand. Ab Mitte des 19. Jahrhunderts begann in Bottrop mit dem Abteufen des ersten Schachtes und dem Kohleabbau auf der Zeche Prosper 1 die Industrialisierung. 1872 wurde der weithin sichtbare Malakoffturm errichtet, ein bemerkenswertes Industriedenkmal des Ruhrgebietes. Auch in Bottrop wuchs in dieser Zeit die Bevölkerung rasant, allerdings bekam die Stadt erst 1919 die Stadtrechte verliehen. Durch die Zusammenlegung mit Kirchhellen 1975 erhielt Bottrop seine heutige Größe.

*Das Ruhrgebiet ist mit rund 5,1 Millionen Einwohnern der größte Ballungsraum Deutschlands. Das Bild entstand in der Nähe von Bottrop.*

*Zechentradition im Ruhrgebiet: die Zeche Prosper II in Bottrop.*

# Der Teufel auf dem Frohnenhof

Die Landgemeinde Kirchhellen wurde 1975 mit Bottrop zusammengelegt. Das geschah nicht gerade zur Freude der Einwohner und es gab viele Proteste seitens der Bevölkerung. Dies war auch schon bei der vorherigen Neuordnung mit Gladbeck, Bottrop und Kirchhellen der Fall gewesen, die allerdings wieder rückgängig gemacht worden war.

Auf dem einstigen Frohnenhof der Landgemeinde spukte es einst unter der Kellertreppe, weil sich dort der Teufel in der Gestalt eines Grenzsteinversetzers, des Groten Jann, verborgen hielt. Der Böse heckte manch üble Streiche und Gemeinheiten aus, mit denen er die Bewohner und Nachbarn erschreckte. Als seine Boshaftigkeiten immer häufiger vorkamen, bestellte man den Pfarrer aus Kirchhellen zur Teufelsaustreibung. Der geistliche Herr aber vermochte es nicht, den Bösen zu vertreiben, denn er hatte kein reines Gewissen. Der Anlass dafür war eigentlich gering, denn der Pfarrer hatte aus dem Kirchenbusch einen Stecken herausgeschnitten, ohne den Gemeindevorstand zu fragen. Der Teufel wies ihn darauf hin und der Geistliche beteuerte, zwei Stüber auf den Haselbaumstumpf gelegt zu haben. Dies war allerdings gelogen, was der Böse dem Pfarrer vorwarf. Daher hatte dieser keine Macht über ihn.

Der Teufel trieb es immer toller mit den Leuten, die schließlich einen Franziskanerpater aus dem Kloster in Dorsten zu Hilfe riefen. Dieser war völlig unbelastet und es gelang ihm schließlich, den Bösen in den Kirchenbusch zu verbannen. Der Geistliche gewährte ihm die Gnade, sich jedes Jahr einen Hahnenschrei dem Gutshof zu nähern. Allerdings hatte der Pater klug gehandelt, denn es könnte 100 Jahre und mehr dauern, bis der Teufel den Hof erreichen würde.

## Der Ring der Johanna Christina von Knipping

Das ehemalige adelige Haus Hackfeld lag im ausgehenden Mittelalter in der Nähe von Kirchhellen. Besitzer waren im 17. Jahrhundert die von Knipping. Dietrich von Knipping, der mit Sibille von Westerholt verheiratet war, hatte nur eine Tochter, Johanna Christina, die als Erbtochter eine begehrte Partie war. Die junge Frau heiratete mit Johann Dietrich von Brabeck einen adeligen Nachbarn, dessen Besitz stark unter den Folgen der Truchsesschen Wirren von 1583 bis 1588 gelitten hatte. Bei der Belagerung von Haus Brabeck war der damalige Besitzer gefangen genommen worden und musste sich durch ein hohes Lösegeld freikaufen – eine Last, die jahrzehntelang drückte.

Am Tag der Hochzeit waren viele Verwandte und Gäste eingeladen und Johanna Christina ließ sich voll Übermut und Stolz auf ihr großes Vermögen zu einer ungewöhnlichen Tat hinreißen. Sie zog einen ihrer mit Edelsteinen besetzten Ringe vom Finger und hob ihn hoch, damit die Anwesenden das im Kerzenlicht funkelnde Kleinod sehen konnten. Sie ging zum Fenster des Rittersaals und warf den Ring in den Schlossteich. Lachend prahlte sie: „So wahr wie dieser Ring nicht mehr zum Vorschein kommen wird, so wahr wird es keine Armut mehr auf Schloss Brabeck geben!“ Selbstverständlich sorgten diese stolzen Worte noch lange für Gesprächsstoff bei den Menschen der Umgebung, deren Reichtum sich meist in Kinderreichtum ausdrückte.

Nicht von ungefähr waren die Fischereirechte in Flüssen und Seen sehr begehrt, denn die Gewässer waren meist mit einem großen Fischbestand gesegnet. So passierte es, dass im Schlossteich ein großer Karpfen gefangen wurde, der bei der Zubereitung in der Küche ein funkelndes Geheimnis preisgab: den Ring, den einst die stolze Herrin für ewige Zeiten im Teich versenken wollte. Johanna Christina von Brabeck geborene von Knipping zu Hackfeld musste noch miterleben, wie der Leichtsinn ihres Neffen Johann Hermann von Brabeck zum Ruin des Hauses führte.

*Turmruine mit Schlosskapelle in Westerholt.*

*Blick auf das alte Dorf Westerholt mit neuer St.-Martinus-Kirche.*

## Die Ahnfrau von Brabeck und der Sturz der tollen Ritter

Als einmal der Burgherr von Brabeck nicht in seiner Burg war, klopfte es dröhnend am Tor, denn mehrere Ritter der Umgebung wollten den von Brabeck besuchen. Da die Ritter dem Burgvogt bekannt waren, lud er sie gastfreundlich in den Rittersaal, um sie mit Speisen und Getränken zu stärken. Die Ritter aber waren übermütig oder angetrunken und wollten die Ahnfrau des Hauses kennenlernen, um mit ihr zu essen. Nachdem das Mahl bereitet war, musste der Edelknabe auftragen, stolperte mit der dampfenden Suppenschüssel aber an der Türschwelle und die Schüssel zerbrach in lauter Scherben. Beim zweiten Mal brachte der Knabe den Hauptgang mit Brot, Panhas und Schinken, der sich in Steine verwandelt hatte.

Urplötzlich erhob sich die saftig gebratene Gans von der silbernen Platte und flog laut schnatternd zum Fenster hinaus. Der Wein in den Gläsern hatte sich zu einer übel riechenden Brühe verwandelt und die Ritter tobten und schrien vor Zorn. Mit einem Ruck wurden den Rittern die Sessel weggezogen – sie purzelten zu Boden und konnten sich nicht mehr erheben. Dann erloschen die Fackeln und Kerzen, mit lautem Donnerschlag zerbarst der Boden und die Ritter fielen ins tiefe Gewölbe herab, wo sie mit gebrochenen Gliedern am nächsten Tag tot aufgefunden wurden.

*Die ehemalige Remise von Haus Brabeck in Bottrop wurde liebevoll zu einem Wohnhaus umgebaut.*

# Der Übermut des Ritters von Brabeck

Ein Ritter von Brabeck war Vater eines Knaben geworden und lud die Nachbarn und Verwandten zur Kindstaufe und zum Festtagesschmaus ein. Nachdem er schon eifrig dem Wein zugesprochen hatte, wurde er übermütig und lud die längst verstorbene Ahnfrau zum Taufessen ihres gerade geborenen Ur-Ur-Enkels ein. Die Tischgesellschaft lachte über den natürlich nicht ernst gemeinten Scherz, als sich plötzlich unter krachendem Donnerschlag die Tür öffnete und die Ahnfrau hereinschwebte. Sie nahm sich ein Glas Wein und trank es mit einem Zug zum Wohl des Säuglings aus und bestellte den Vater in acht Tagen zu sich. Allerdings wollte sie ihn selbst abholen.

Als acht Tage vergangen waren und die Ahnfrau in weißem Gewand erschien, bat sie den Ritter streng, ihr in das Grabgewölbe der Burg zu folgen. Zitternd wie Espenlaub folgte ihr der von Brabeck in das modrige Gewölbe und stand plötzlich allein neben den Särgen seiner Vorfahren. Die Ahnfrau aber war verschwunden. Wie festgenagelt blieb er stehen, sah, wie sich die Sargdeckel hoben und die Gerippe seiner Ahnen ihre Knochenarme nach ihm ausstreckten.

Das war zu viel für ihn! Ohnmächtig prallte er auf den kalten Steinfußboden. Als er am nächsten Morgen erwachte, schwebte die Ahnfrau neben ihm, um ihn zu

*Im vorderen Gebäude der Zeche Prosper II in Bottrop befindet sich jetzt ein Gruselkabinett.*

*Schloss Beck in Bottrop.*

trösten. Den Ritter packte jedoch ein böses Fieber und er wurde aufs Krankenbett gelegt. Trotz aller Pflege der Hausfrau verschied er schließlich auf seinem Krankenbett, das sein Sterbelager wurde.

## Der mutige Pilger

Auf dem Weg nach Köln zu den Heiligen Drei Königen bat einst ein Pilger auf der Burg Brabeck um Unterkunft und einen Abendtrunk. Nachdem er sein Dankgebet in der Burgkapelle verrichtet hatte, schwebte ihm auf der Treppe zu seinem Gemach die Ahnfrau entgegen. Als sie gerade im blauen Zimmer verschwinden wollte, fasste sich der Mann ein Herz und fragte den Geist, wie er erlöst werden könne. Die Ahnfrau winkte ihn wortlos herbei und führte ihn in das Grabgewölbe, zeigte auf die herumliegenden Gebeine, die immer noch unbeerdigt dalagen, und verschwand in einem Lufthauch.

Der Pilger hatte den Hinweis wohl verstanden und sorgte am nächsten Tag dafür, dass die Skelette beerdigt und eine heilige Messe für ihr Seelenheil gelesen wurde. Die Ahnfrau wurde seitdem nicht mehr gesehen und fand endgültig ihren Seelenfrieden.

## Der Opferstein auf dem Donnerberg

Vor über 200 Jahren, als der Donnerberg noch nicht bebaut war, stand dort ein uralter Opferstein, der seit ewigen Zeiten Anlass zu allerlei mythischen Deutungen gab. Als 1815 ein Müller eine neue Mühle baute – Napoleons Gesetze hatten den Mühlenbau vereinfacht und die Gewerbefreiheit festgelegt –, benötigte der Müller nur noch zwei Mühlsteine, die sich allerdings nicht finden lassen wollten. Da kam ihm der alte Opferstein in den Sinn, aus dem er die Mahlsteine wohl heraushauen könnte, denn der Stein war kein weicher Sandstein. Als er gegen gute Bezahlung Leute suchte, die ihm helfen sollten, den großen Felsbrocken zur Mühle zu schaffen, fehlte allen der Mut, den alten Opferstein wegzuschaffen. Die Sage um den germanischen Gott Donar und der Name des Standorts Donnerberg taten immer noch ihre Wirkung, denn es hieß, wer den Stein wegrollte, der würde hart bestraft werden.

Schließlich gelang es dem Müller doch noch, ein paar mutige Kerle zu finden, die sich von den alten Sagen nicht beeinflussen ließen. Der Abtransport konnte also beginnen. Jedoch widerfuhr allen Helfern ein Unglück, indem ein Fuß gequetscht, ein Arm gebrochen oder gar durch den rollenden Stein ein Bröckchen ins Auge geschleudert wurde. Den größten Schaden aber hatte der Müller, dessen Mühle nicht gedeihen wollte, da sein Mehl fast ungenießbar war und die Bauern ihm schließlich kein Korn mehr zum Mahlen brachten. Voller Verzweiflung wurde der Mann zum Trinker und musste sich nach dem Verkauf der Mühle als Knecht verdingen. Er starb jämmerlich nach einem Unfall im Kammrad der Mühle.

# Gelsenkirchen-Buer

## Geschichtliches

Als „Puire“ soll Buer bereits 1003 urkundlich erwähnt worden sein, mit einer Pfarrkirche, zu der 14 Bauerschaften gehörten. Die Kirche mit den zugehörigen Ländereien war vom Kölner Erzbischof dem Kloster Deutz übertragen worden, wie dies auch eine päpstliche Urkunde aus dem Jahr 1147 bestätigte. Landesherr blieb bis 1803 der Erzbischof, nach 1815 fiel Buer dann an Preußen. 1911 erhielt Buer Stadtrechte und wurde 1928 zusammen mit Horst der Stadt Gelsenkirchen zugeschlagen.

*Aus ungewohnter Perspektive blickt der Betrachter auf das städtische Buer und tief in den Westen hinein. Zu erkennen ist eine immer noch beeindruckende Industriestadt.*

# Der Herr von Darl

In der Gemeinde Buer lag früher in der Nähe der Emscher das Schloss Darl, von dem keine Spuren mehr vorhanden sind. Weitaus berühmter ist heute die nahe Veltins-Arena, wo die Mannschaft von Schalke 04 ihre Meisterschaftsspiele austrägt.

Einst gehörte die Burg einem Herrn, der einen Bauern ohne Berechtigung hinrichten ließ, um in dessen Besitz zu kommen. Der Landadel hatte zwar das Recht der niederen Gerichtsbarkeit, durfte aber niemanden zum Tode verurteilen, geschweige denn hinrichten. Doch adelige Herren kamen meist ohne Anklage davon. Der Bauer sagte dem Herrn von Darl vor der Hinrichtung, dass die Burg – genauso wie er unschuldig sei – bald zerfallen und kein Stein würde mehr auf dem anderen bleiben solle. Der Hartherzige lachte nur über diese Prophezeiung und führte sein Leben fort, als ob nichts geschehen sei. Was sollte ihm schon passieren?

Als der Herr von Darl wieder einmal mit seinem Kutscher über das Land fuhr, stand plötzlich ein ziemlich abgerissener Mann am Wege und hielt, um Almosen flehend, einen alten Hut in der Hand. Der Herr war gut gelaunt und befahl dem Kutscher: „Gib ihm ein ordentliches Almosen.“ Der Kutscher nahm einen Taler und warf ihm den Mann in den Hut. Doch der Hut war ohne Boden, der Mann konnte nur der Teufel sein! Der Herr von Darl lachte nur und rief dem Kutscher zu: „Schlag ordentlich auf die Pferde, damit wir den Kerl nicht mehr sehen.“ Angstvoll blickte der Kutscher nach einer Weile zurück – doch die Kutsche war leer! Langsam fuhr er den Weg zurück und fand seinen Herrn tot in einer Astgabel hängen.

Seitdem ging es mit dem Schloss bergab und weil die Schulden zu hoch waren, verfiel das Gemäuer und die Leute verließen den alten Herrensitz.

# Der Verrat auf Lüttinghof

Knapp an der Gemeindegrenze zu Marl-Polsum, auf dem Stadtgebiet von Gelsenkirchen, liegt das Schloss Lüttinghof, eine ehemalige Wasserburg, deren Gräften durch zwei Mühlbäche gespeist wurden. Die Burg diente als Grenzfeste des Vestes Recklinghausen und konnte bis dahin, geschützt durch ihr sumpfiges Umfeld, jeder Belagerung trotzen. Erst in der Zeit des Spanisch-Niederländischen Krieges, als die Holländer um ihre Unabhängigkeit von Spanien kämpften, wurde die Burg durch einen Verrat erobert.

Reinhard von Raesfeld, Besitzer der Burg, war Verwalter des Vestes Recklinghausen im Auftrag seines Landesherrn, des Erzbischofs von Köln. Er hatte zur Verteidigung der Burg und des Vestes seine Burgmänner auf Lüttinghof versammelt, denn man

*Das Haus Lüttinghof ist eine Wasserburg in Gelsenkirchen-Hassel und das älteste Baudenkmal der Stadt.*

rechnete mit einem baldigen Einfall der Niederländer. Der Kölner Bischof war Verbündeter der Spanier und ein Überfall der Holländer stand kurz bevor. Nun hatte sich der Wachtmeister (Feldwebel) Bernd Hauer in das Burgfräulein verliebt, was dem Vater des Mädchens überhaupt nicht gefiel, denn die Liebe war nicht standesgemäß und der Wachtmeister wurde der Burg verwiesen. Bernd Hauer aber wollte sich an dem Burgherrn rächen und wurde zum Verräter, indem er zu den Holländern überlief und ihnen die schwächste Stelle der Burg zeigte. Mitten im August, wenn die Wasserläufe oft nur noch kleine Rinnsale bilden, war die Burggräfte fast ausgetrocknet und Bernd Hauer führte eine bewaffnete Schar über die seichteste Stelle der Gräfte. Durch geheime Zeichen hatte er mit dem Burgfräulein vereinbart, um welche Stunde er an der kleinen Tür stehen würde, die zu einem unterirdischen Gang in das Innere der Burg führte. Schnell wurden die Besatzer überwältigt, auch der Burgherr war zu keiner Gegenwehr in der Lage und die Niederländer gelangten in den Besitz dieser wichtigen Festung.

Reinhard von Raesfeld wurde in schließlich niederländische Festungshaft verschleppt, wo er nach einem Jahr elendig verstarb. Durch diesen Verrat war es gelungen, diese wichtige Festung zu erobern, die später zu einem ansehnlichen Schloss ausgebaut wurde.

# Der letzte Pferdestricker im Emscherbruch

Der Emscherbruch entwickelte sich im Laufe der Jahrhunderte durch den wechselnden Verlauf der Emscher und das jährliche Hochwasser. Dieses blieb auf den niedrig gelegenen Wiesen und Weiden stehen und der Boden versumpfte immer mehr. Nur wenige niedrige Hölzer, dorniges Gestrüpp und die Wasser liebenden Weiden und Erlen blieben dort beheimatet. Im höher gelegenen Gelände entwickelte sich ein fast undurchdringlicher Urwald, in dem bis vor 200 Jahren noch die stolzen Wildpferde, „Emscherbrücher Dickkopp" genannt, ein freies Leben führten. Als Arbeitstiere wurden sie wegen ihrer Kraft und Ausdauer sehr geschätzt, die adeligen Häuser in der Emscherregion, die anliegenden Gemeinden und die Reichsklöster Essen und Werden besaßen als Grundbesitzer das Recht des Pferdefangs. Die Gemeinden verfügten über Pferdefänger, die im Volksmund „Pferdestricker" genannt wurden. Der letzte seiner Zunft war Bernhard Großfeld, ein überaus starker Mann, der schon viele Wildlinge gefangen und gebändigt hatte.

Eines Tages ging er wieder auf Fang in den Emscherbruch, wo er sich ein Versteck in der Krone eines Baumes suchte. Die Baumkrone befand sich über einem Wildpfad, den die Rösser oft benutzten. Von hier aus hatte er einen guten Überblick über die Mark. Allerdings befestigte er sein Lasso nicht wie gewohnt an einem starken Ast, sondern wand es sich um den eigenen Körper. Geduldig wartete er auf das Pferderudel, prüfte noch einmal die aufbereitete Schlinge und das lange, aufgerollte Seil und spähte nach der Herde aus.

Endlich sah er in der Ferne Bewegung zwischen den Büschen und Bäumen und schon bald trabte die kleine Herde, angeführt von einem Leithengst an der Spitze, auf den Pferdestricker zu. Plötzlich hielt der Hengst an und blickte aufmerksam und mit bebenden Nüstern in die Runde. Anscheinend hatten die Tiere etwas Ungewöhnliches gewittert. Erst allmählich beruhigten sie sich und setzten langsam ihren Weg fort. Bernhard Großfeld war höchst angespannt. Sein Lasso fest im Griff wartete er ab, bis er sein Ziel, einen jungen starken braunen Hengst, entdeckte, den er mit einem gekonnten Wurf die Schlinge um den muskulösen Hals warf. Erschreckt sprang das Tier hoch und versuchte in schnellem Galopp seinen Fesseln zu entkommen. Der Pferdestricker wurde von seinem Sitz gerissen und es begann eine wilde Jagd über Stock und Stein, vorbei an Wiesen und Sträuchern und durch Bäche und Wiesen, bis das Tier endlich erlahmte und Großfeld das Seilende um einen stabilen Baum winden konnte. Doch wie sah der Mann aus! Hosen und den Kittel waren zerrissen, Beine, Arme und Hände von dem wilden Ritt tief aufgeschürft, voller Staub und Schmutz stand der Pferdestricker neben dem zitternden, von Schaum bedeckten Braunen, der mit ihm seinen Meister gefunden hatte. „Endlich habe dich bezwungen", sagte dieser voller Stolz und klopfte dem Hengst anerkennend auf den Rücken. Schnell knüpfte er ein vorläufiges Halfter und ging stolz mit seinem Fang nach Hause.

## Wildpferde in Westfalen

In Westfalen gab es in früheren Jahrhunderten mehrere Wildpferdeherden. Neben den „Emscherbrücher Dickköppen“ waren dies die heute noch wild lebenden Merfelder bei Dülmen, die bereits seit 200 Jahren nicht mehr auftretenden „Davertnickel“ und die halbwilden Senner Pferde. Die Tiere waren als genügsame Arbeitshilfen sehr begehrt und wurden einmal jährlich zum Verkauf angeboten. Die Emscherbrücher wurden auf den Pferdemärkten zu Bodelschwingh und Crange einmal jährlich am Laurentiustag im August versteigert. Die letzten Tiere aus dem Emscherbruch wurden um 1840 eingefangen und der Merfelder Herde zugeführt. Mit diesen in freier Wildbahn lebenden Pferden bildeten sie schließlich eine neue Rasse.

*Etwa 300 bis 400 Wildpferde leben in dem Naturschutzgebiet Merfelder Bruch.*

*Die ehemalige Burg Crange ist heute eine „gepflegte Ruine".*

## Das Mordkreuz in Buer

„Backems Krüz" wurde ein steinernes Kreuz genannt, das bis zum Beginn der 70er-Jahre des vorherigen Jahrhunderts an der Cranger Straße in Buer stand und an einen mörderischen Überfall im späten Mittelalter erinnerte. Der adelige Herr Dietrich von Backem (Backum), Standesherr auf Haus Leythe in Surresse, war verfeindet mit Adrian von Sobbe auf der Burg Grimberg (heute Golfhotel). In diesem Fall ging es einmal nicht um Jagdrechte, sondern der Grund des Zwistes war das Erbholzrichteramt in der Berger Mark, das an Haus Lythe „klebte". Ob die anderen Adeligen von Darl und von Balke, die wie Sobbe nur einen kleineren Anteil besaßen, von dem geplanten Überfall auf Dietrich von Backum wussten, ist nicht bekannt: Dietrich von Backum fuhr mit seiner Frau mit dem Schlitten am Tag des heiligen Antonius (17. Januar) zur Messe nach St. Urban in Buer. Adrian von Sobbe hatte sich mit einigen Bewaffneten im Gebüsch versteckt und überfiel das adelige Paar, ermordete Dietrich von Backem und verletzte seine Frau Mechthild von Eickel schwer am

Arm. Der Bruder des Ermordeten, Jörgen von Bachem, Besitzer von Haus Berge, ließ daraufhin das Mahnkreuz errichten, das der von Sobbe zur Sühne bezahlen musste. Der Mörder kam mit dem Leben davon, musste aber durch einen Vergleich als weitere Sühne für den Unterhalt der Familie des Dietrich von Bachem aufkommen.

Auch nach seinem Tod fand Adrian im Grab keine Ruhe und erschien immer zum ersten Vollmond im neuen Jahr gegen Mitternacht. Tief vermummt, mit einem glühenden Schwert, saß er in einem Schlitten, der ihn durch die Lüfte und über alle Widerstände hinweg zum Sühnekreuz zwang. An der Stelle des Mordes musste er wie gebannt verharren, bis ihm eine schwarz gekleidete Frau erschien, die ihm klagend ihren blutigen Arm entgegenstreckte.

Als nach vielen Jahren ein Bauer Zeuge dieses gespenstischen Treibens um Mitternacht wurde, packte ihn das Grauen und er zerschlug voller Angst das alte Sühnekreuz.

## Die Mühle im Buerer Wald

Die Bannmühle für das adelige Haus Berge lag einst einsam im Buerer Wald. Da das Wegesystem mehr als dürftig war, mussten Korn und Mehl auf Eseln transportiert werden. Esel wurden im Mittelalter und noch lange danach vielfach zum Transport von Lasten eingesetzt. In Brilon setzte man ihnen sogar ein Denkmal. Der Müller im Buerer Wald hatte viel zu tun, denn er musste neben den normalen Mahlarbeiten und dem Wasserzufluss zur Mühle auch die Ablieferung des Mehls bei den Bauern organisieren. Damals gab es noch Wildpferde im Emscherbruch und der Herr des Hauses Berge hatte das Recht, mehrere Tiere pro Jahr zu fangen, die dann meist auf dem großen Pferdemarkt in Herne-Crange oder Bodelschwingh verkauft wurden.

Der adelige Herr wollte sich angeblich über den Bestand der Wildpferde in seinem Revier erkundigen, doch sein wahres Ziel war die Mühle, mehr noch die schöne Müllerin, um die er sich lebhaft kümmerte, wenn der Müller das Mehl auslieferte. Der Müller aber war nicht dumm und so überraschte er seine Frau mit dem Herrn von Berge bei einem zärtlichen Treffen in der Mühle. Zähneknirschend konnte er die beiden durch sein Auftreten trennen, denn als abhängiger Mühlenpächter durfte er nur heimlich Rache schwören und nichts gegen den adeligen Herrn unternehmen, der ja noch die niedrige Gerichtsbarkeit innehatte. Bei einem Prozess wegen Ehebruchs wäre der Herr Richter in eigener Sache gewesen – eine mehr als verzwickte Situation für alle Beteiligten. Seine Rache verschob der Müller, bis sich ihm eine bessere Möglichkeit bot, um dem adeligen Herrn eine Lektion zu erteilen.

Tatsächlich eröffnete sich nach einiger Zeit die Gelegenheit, sich an dem Herrn von Berge zu rächen. Dieser dachte nicht im Traum daran, das Verhältnis zur schönen Müllerin zu beenden, und besuchte sie, wenn auch vorsichtiger geworden, weiterhin in ihrer Mühle. Ein anderer adeliger Herr hatte ebenfalls mit dem Herrn von Berge einen Strauß auszufechten. Als dieser von den heimlichen Besuchen in der Mühle erfuhr, überredete er den Müller, ihn zu unterstützen und dem Adeligen eine Falle zu stellen. In einem Hohlweg wollten sie dem Ritter auflauern, um ihn zu überfallen. Doch der Ritter wehrte sich mannhaft und entkam so seinen Häschern. Zwar konnte er dem Müller nicht beweisen, dass er beim Überfall geholfen hatte, da beide Männer vermummt waren, doch entzog er ihm die Mühlenpacht wegen angeblicher Unterschlagungen.

## Rechte und Pflichten einer Grundherrschaft

Wenn ein Adeliger mit einer Grundherrschaft belehnt wurde, so waren damit meist Rechte, manchmal aber auch Pflichten verbunden. Die Grundherren konnten fast immer niedrige Gerichtsbarkeit ausüben oder hatten das Jagdrecht in ihrem Gebiet in Wald und Feld. Auch wenn es sich um Gemeindeland handelte, hatten sie zumindest das Recht zur Hochwildjagd. Sie verfügten über das Mühlenrecht oder waren – wie in diesem Fall – Erbholzrichter. Die Rechte wurden ihnen aber nicht als Personen verliehen, sondern waren an die Burg oder das Herrenhaus geknüpft. Wenn also ein Adelsgeschlecht ausstarb, erbte der neue Besitzer die Rechte mit der Belehnung durch den Landesherrn.

# Gelsenkirchen-Horst

## Die geheime Richtstätte im Schloss Horst

Im Stadtgebiet von Gelsenkirchen liegt das altehrwürdige Schloss Horst, das im Laufe der Jahrhunderte viele bauliche Veränderungen erfuhr. Heute ist daraus ein Kultur- und Bildungszentrum geworden. Von der einst großen Schlossanlage sind miitlerweile nur noch der Eingangsflügel des früheren Herrenhauses aus Backstein mit einer reichen Steingliederung und Bauplastiken erhalten.

Als das stolze Schloss einst allmählich in Trümmern versunken war, wurden diese von wagemutigen Knaben aus der Nachbarschaft als abenteuerliche Spielstätte erobert. Sie stiegen auf die morschen Mauern, erkletterten die alten Türme und sahen sich als glänzende Ritter, die über den weiten Emscherbruch und seine wilden Pferde herrschten. Eine unheimliche Anziehungskraft aber übten die dunklen Gewölbe aus, hieß es doch, dass dort ein geheimer Gang war, der ein grausiges Geheimnis barg.

Nach langem Suchen fanden sie eine fast verborgene Tür, deren Schloss schon halb zerbrochen war. Dahinter befand sich ein tiefer, dunkler Gang, der zur näheren Erkundung unwiderstehlich einlud. Schnell waren ein paar Kienspäne gefunden und einer der Knaben holte die nicht mehr benutzte Bergmannslampe seines Vaters, sodass die unterirdische Expedition beginnen konnte. Mühsam stiegen sie den engen, dunklen Gang hinab, unterdrückten alle Ängste und hörten nach schier endloser Zeit ein leises Rauschen aus dem Inneren des Berges.

Plötzlich öffnete sich der Gang zu einer kleinen Halle, in deren Mitte ein fast morscher, riesiger Hauklotz stand, auf dem eine große, verrostete Axt, das Beil des Henkers, lag. Beim Betreten der geheimen Richtstätte flatterten Hunderte kleine Wesen auf, die aus einem tiefen Schlaf gerissen worden waren. Ein fürchterliches Ächzen und Stöhnen erfüllte die Luft. Die unheimliche Stätte ließ fast alle Entdecker erschaudern, doch die Mutigsten ergriffen noch die rostige Axt, bevor sie eiligst den Rückweg antraten, um aufatmend das Tageslicht zu erreichen.

Wenige Zeit später stürzte der heimliche Gang ein und niemand konnte mehr die geheimnisvolle Stätte unter dem alten Gemäuer erforschen.

## Die Lipperenaissance

Nachdem die alten Burgen des Adels ihre wehrhaften Funktionen durch den Einsatz moderner Artillerie verloren hatten, verabschiedete man sich im 16. Jahrhundert auch von den „altmodischen“ Mauern und Wehrtürmen und baute die adeligen Landsitze im neuen Baustil der Renaissance. Von den Niederlanden ausgehend, entstand die nordische Form der Lippe- und Weserrenaissance. In Westfalen war es besonders der Architekt Laurenz von Brachum, der mit der Errichtung seines Hauptwerkes Schloss Horst einen maßgeblichen Einfluss auf den Stil der Lipperenaissance hatte. Mit den Schlössern Horst, Assen, Crassenstein und Hovestadt entlang der Lippe ist sein Name untrennbar verbunden.

# Der scheewe Paape

Vor einigen Jahrhunderten hatte der Besitzer von Schloss Horst einen tüchtigen Rentmeister, der besonders eifrig und hingebungsvoll dem Schlossherrn diente. Als Vorsteher der Rentkammer war er auch für die Abgaben der Bauern zuständig, die nach alter Tradition zu Martini, also dem 11. November, abzuliefern waren. Nun war der Mann etwas verwachsen und wurde von den Bauern hinter vorgehaltener Hand nur „der scheewe Paape“ genannt, was ihn nicht nur äußerlich kennzeichnete, sondern auch zu erhöhter Vorsicht vor ihm ermahnte. Für die freiwillige Abgabe der Naturalien war es seit fränkischer Zeit üblich, dass der Burgherr in kriegerischen Zeiten den Schutz der Bauernfamilien übernahm und sie in seiner Burg aufnahm, wenn Gefahr im Verzug war. Die Bauern kannten den betriebsamen Beamten und waren vorsichtig im Umgang mit ihm, denn man konnte ja nie wissen, was er gerade im Schilde führte. Doch dann geschah es, dass der scheewe Paape sie überlistete, was sie und ihre Nachfahren noch jahrhundertelang bezahlen mussten.

Es war wieder einmal eine schwere Zeit, die Ernte war schlecht und Kriegswirren erschütterten das Land. Da machte der umtriebige Verwalter allen einen offensichtlich guten Vorschlag. Alle zinszahlenden Bauern brauchten in den nächsten zehn Jahren keine Naturalien und Dienste leisten und blieben trotzdem frei. Dies hatte der scheewe Paape schriftlich auf einer Urkunde festgehalten, mit den Namen der einzelnen Landbewohner, ihren Diensten und Abgaben. Neben dem Siegel des Schlossherrn mussten sie nur noch ihre drei Kreuzchen machen und der Vertrag war

*Schloss Hovestadt wurde als Wasserschloss Ende des 16. Jahrhunderts im Stil der Lipperenaissance errichtet.*

besiegelt. Die Leute glaubten in ihrer Freude eine wesentliche Erleichterung ihres Daseins unterschrieben zu haben und machten gerne ihre drei Kreuzchen unter die Urkunden, denn Lesen und Schreiben hatte sie niemand gelehrt, wer brauchte das schon?

Sie ahnten nicht, dass der scheewe Paape sie arglistig getäuscht hatte, indem er ihnen den wichtigsten Teil der Urkunde nicht vorgelesen hatte. Die Bauern, denen die Urkunde vorgelegt wurde, waren freie Zinsbauern, keine Leibeigenen, das Land, das sie bebauten, gehörte also rechtlich ihnen und sie bezahlten nur für den Schutz, der ihnen auf der Burg in kriegerischen Zeiten gewährt wurde. Der Zusatz besagte, dass sie, wenn sie nach zehn Jahren keine Abgaben und Dienste leisten würden, nicht mehr Eigentümer ihrer Höfe sein könnten. Sie wurden von Eigentümern zu Erbpächtern ihrer bisherigen Höfe herabgestuft, also kalt enteignet. Das betraf auch ihre Nachkommen. Die Abgaben mussten wieder gezahlt werden, allerdings leicht erhöht, denn sie waren ja jetzt nur noch Pächter. Unter den Bauern erhob sich ein Sturm der Entrüstung, doch die Verträge waren unterschrieben und rechtlich einwandfrei. Viele verfluchten den scheewen Paapen nun öffentlich und wünschten ihm die Pest an den Hals.

Woran er starb, weiß man heute nicht mehr, doch ging er ziemlich qualvoll zugrunde. Nutznießer aber waren die Herren von Horst, die keinerlei Veranlassung sahen, das Unrecht wieder rückgängig zu machen.

## Der scheewe Paape findet keine Ruhe

Der scheewe Paape aber konnte keine Ruhe finden, oft sahen ihn die Bewohner von Schloss Horst zur Geisterstunde um Mitternacht als großen, schwarzen Hund, der mit langlechzender Zunge, glühenden Augen und eingezogenem Schwanz zu den Höfen der geschädigten Bauern eilte. Keiner konnte sagen, was er dort wollte, denn wenn die Kirchturmglocke ein Uhr schlug, schlüpfte er schweißtriefend durch ein geheimes Loch zurück ins Schloss.

*Das Schloss Horst in Gelsenkirchen ist das erste im Stil der Lipperenaissance errichtete Herrenhaus. Besonders gut erhalten ist der Eingangsflügel.*

Erst nachdem die Leibeigenschaft im Vest aufgehoben worden war, der Herzog von Arenberg musste sich auf Druck der Franzosen 1809 ohne Begeisterung dazu bequemen, konnten die Bauern ihren ehemaligen Besitz zurückbekommen – natürlich gegen entsprechende Geldzahlungen an die Besitzer des Schlosses Horst oder durch Abtretung eines Teils ihrer Felder.

## Mittelalterliche Fälschungen

Die Fälschungen des scheewen Paape waren im Mittelalter absolut keine Ausnahmen. Wenn selbst große Mediävisten wie Horst Fuhrmann über die Urkunden des Mittelalters sagte: „In keinem Zeitalter der europäischen Geschichte dürften Fälschungen eine größere Rolle gespielt haben", so untermauert dies die Thesen vieler Wissenschaftler, wie eifrig gefälscht wurde. Natürlich wurde da besonders gefälscht, wo viel geschrieben wurde, also in den Klöstern von schreibkundigen Mönchen. Als Beispiel einer welthistorischen Lüge sei die sogenannte Konstantinische Schenkung (Konstantin der Große regierte von 312 bis 335) genannt, die aus der Zeit um 750 bis 850 n. Chr. zu datieren ist. Darin wird behauptet, Konstantin I. habe Rom und Italien dem Papst Sylvester I. geschenkt. Im Mittelalter wurden überall in Europa Besitzurkunden, Testamente und Rechte aller Art gefälscht. Man schätzt, dass 50 Prozent aller Urkunden auf Fälschungen beruhen.

# Herne-Baukau

## Geschichtliches

Die Herrschaft Strünkede gehörte seit alters her dem später in den Reichsfreiherrnstand erhobenen Rittergeschlecht von Strünkede. Dicht an der Grenze zu Recklinghausen gelegen, gab es immer wieder Grenzstreitigkeiten. Besonders durch den Emscherbruch entzündeten sich die Gemüter. Die Emscher war als Grenzfluss nicht sehr zuverlässig, da sie des Öfteren ihren Lauf wechselte und so Anlass zu Streitereien gab, die von beiden Kontrahenten verursacht worden waren. Man versuchte sich dann durch Viehräubereien, Plünderungen und Brandstiftungen zu „schaden". Die von Strünkede waren schon seit Jahrhunderten ein recht fehdefreudiges Geschlecht. Auch gegen ihre Landesherrn, die Grafen, später Herzöge von Kleve, rebellierten sie einige Male. Mit Reinhard von Strünkede, der seine letzten Lebensjahre in Haft verbrachte, weil er für unzurechnungsfähig erklärt worden war, und seinem Sohn, „Der dulle Jost von Strünkede", erreichten die Streitigkeiten ihren Höhepunkt.

## Der dulle Jost von Strünkede

Wieder einmal gab es eine Besprechung zwischen dem Stadtrat von Recklinghausen und dem Ritter Jost von Strünkede wegen der gemeinsamen Rechte im Emscher Bruch. Auch dieses Mal ging es hoch her, denn die Herren bezichtigten sich gegenseitiger Grenzverletzungen in der Emscher Mark. Der von Strünkede ging in seinem Jähzorn dabei so weit, dass er einen der vornehmen Ratsmitglieder am Bart zog, was eine fürchterliche Ehrverletzung nicht nur für den Ratsherrn, sondern für alle Recklinghausener bedeutete. Um diese schändliche Schmach zu rächen, wurden die Sturmglocken geläutet und die Bürger liefen bewaffnet zum Rathaus. Jost

*Die Schlosskapelle von Strünkede.*

floh mit seiner Mannschaft aus der Stadt, wobei diese eine halbe Schafherde niederritt, was die Bürger noch mehr erboste. Sie schworen, beim nächsten Zwischenfall die Burg Strünkede zu erobern und sich fürchterlich zu rächen.

Und sie brauchten nicht lange zu warten! Schon in einer der nächsten Nächte gingen Jost und seine Leute über die Emscher, trieben das Vieh von den Weiden und zündeten die Gehöfte der Bauern an. Vorher hatten sie alle Tiere aus den Ställen getrieben und die Vorräte der klagenden Bauern geraubt. Schwer bepackt kamen sie im Morgengrauen zur Vorburg, trieben das geraubte Vieh und die wenigen Pferde der Bauern in den Innenhof und feierten ihren leichten „Sieg".

Das war dann doch zu viel! Noch am gleichen Abend zogen die bewaffneten Bürger mit den Bauern der Umgebung zur Raubritterburg, um ihr Eigentum zurückzuerobern. Ermattet vom nächtlichen Raubzug und der ausgiebigen Siegesfeier, rechnete die Burgbesatzung noch nicht mit dem schnellen Aufgebot der Bürger, sodass diese sich unbemerkt nähern konnten. Schnell wurden mitgebrachte stabile Bretter über die Gräfte gelegt und die Vorburg im Handstreich genommen. Zu spät gab der Wächter Alarm, doch es gab kein Entkommen und die Verteidiger mussten auf die Hauptburg flüchten, deren Mauern sehr viel stärker und besser zu verteidigen waren.

Man beschloss die Burg zu belagern und auszuhungern, doch Jost und seine Leute hatten bereits die Vorräte für den Winter beschafft, sodass man es schließlich bei einer ansehnlichen Sühnezahlung beließ und die Belagerung beendete.

# Die Rettung des Jost von Strünkede

Auch bei einer anderen der vielen Fehden zwischen Jost von Strünkede und den Bürgern von Recklinghausen entwischte Jost in seine feste Wasserburg. Den Bürgern gelang es aber die Vorburg zu erobern, sodass sich die Räuber in die damals noch enge Hauptburg zurückziehen mussten. Da keine Geschütze vorhanden waren, um die Burg sturmreif zu schießen, entschloss man sich, die Besatzung auszuhungern.

Die Strünkeder glaubten nicht, dass die Belagerer allzu lange ausharren würden und verspotteten sie. Doch die Recklinghäuser wechselten die Mannschaft immer wieder aus und versorgten ihre Männer ausreichend mit Lebensmitteln, was den Belagerten natürlich nicht möglich war. Schließlich wankte nach mehreren Wochen halbverhungert ein altes Mütterchen aus dem Burgtor, bettelte um Gnade und bat, sie ziehen zu lassen, nur mit dem Liebsten, was sie habe. Das konnte ja nicht viel sein, sagten sich die Bürger, und kamen der Bitte der Alten nach.

Doch wie staunten die Recklinghäuser, als sich das Burgtor wieder öffnete und die Alte, gestützt auf einem starken Stecken, ihren Sohn, den Jost von Strünkede, aus der Burg schleppte. Sie hatten ihr Wort gegeben und waren von der Alten überlistet worden, was sie sich zähneknirschend eingestehen mussten.

*Das Schloss Strünkede in Herne diente der Familie von Strünkede vom 12. bis zum Ende des 18. Jahrhunderts als Herrschaftssitz.*

# Oberhausen-Osterfeld

## Geschichtliches

1047 wurden der Name „Osterfeld“ wie auch die Kirche St. Pankratius erstmalig erwähnt. Zwar war die Abtei Werden im Kirchspiel Osterfeld reich begütert, doch 1180 kam das Kirchspiel zum Vest Recklinghausen, wo es bis 1803 verblieb. 1816 wurde Osterfeld preußisch und 1929 nach Oberhausen eingemeindet. Die Industrialisierung hatte bereits 1758 mit der Eisenhütte St. Antony begonnen und sich in der zweiten Hälfte des 19. Jahrhunderts besonders intensiv mit dem Kohlebergbau entwickelt.

## Die Waghalsbrücke im Emscherbruch bei Osterfeld

Im späten Mittelalter waren die von Loe durch Erbgang in den Besitz der Burg Vondern gelangt. Der neue Besitzer Wessel von Loe lebte dort mit seiner jungen Gemahlin Gostelyn und der kleinen Tochter Jolant. Die Familie feierte die Feste, wie sie fielen, und die Gäste ließen nicht auf sich warten, denn Freigiebigkeit wurde schon immer gern angenommen. Der Umgang mit den anderen freundlichen Adeligen veränderte allerdings das Verhalten von Frau Gostelyn nachhaltig. Vielleicht waren ihr auch die vielen Schmeicheleien und bedeutungsvollen Blicke der männlichen Gäste zu Kopf gestiegen, denn sie lachte immer lauter, bei noch so kleinen Scherzen, und ihre Stimme klang selbstbewusst und war weithin hörbar. Auch ihrem Mann gegenüber änderte sie den Ton und beharrte immer mehr auf ihrer eigenen Meinung, was diesen argwöhnisch werden ließ. So beobachtete er sie öfters unauffällig bei den festlichen Zusammenkünften auf der Burg.

Wie viele seiner Standesgenossen war Wessel der Jagdleidenschaft verfallen und begegnete zu seiner großen Überraschung eines Tages, mitten im Emscherbruch, seiner Gattin, die ihm hoch zu Ross entgegenkam. Nach einem heftigen Wortwechsel warf er ihr vor, zum Zauberschloss des grünen Ritters unterwegs zu sein, von dem man wusste, dass er nicht nur unschuldige Jungfrauen umgarnte, sondern auch unbescholtene Ehefrauen in sein Schloss lockte, um sie dort durch Schmeicheleien zu verführen. Gostelyn protestierte heftig gegen den wütenden Verdacht und bot dem Ritter an, über die Waghalsbrücke zu gehen – wohlwissend, dass nur Menschen mit reinem Herzen die Brücke schadlos überqueren konnten.

Als Wessel eines Nachts das Verschwinden seiner Ehefrau bemerkte, folgte er ihr heimlich in den Wald, wo er sie mitten auf der Waghalsbrücke entdeckte. Gostelyn drehte sich um und gewahrte ihren Verfolger. Laut rief sie ihm zu: „Wenn mir etwas Schlimmes passiert, so suche Gnade bei Gott und räche dich nicht an unserer unschuldigen Tochter!“ Dann sah Wessel sie in den Emscherbruch fliehen, wagte es aber nicht, die Waghalsbrücke zu betreten, und wartete ungewissen Herzens auf seine Frau vor der Brücke. Nach drei Tagen unruhigen Wartens war Wessel eingeschlafen, als Gostelyn endlich zurückkehrte. Als sie ihren Mann leblos am Boden liegen sah, vermeinte sie einen Toten zu sehen und stürzte sich in die hochflutende Emscher. Wessel erwachte von ihrem Todesschrei, konnte sie aber nur noch leblos aus der Emscher bergen. Vom Fieber gefangen, wurde er wochenlang ans Bett gefesselt und schwere Alpträume marterten ihn in seinem unruhigen Schlaf.

Endlich wurde er doch wieder gesund, aber die Einsamkeit auf der Burg wurde sein ständiger Begleiter.

## Entscheidung an der Waghalsbrücke

Johann von Galen zu Sienbeck war ein Freund des Wessel zu Loe und besuchte diesen auf der Burg Vondern, um die Zukunft ihrer Kinder zu planen. Jolant war mittlerweile fünf Jahre alt, die beiden Söhne des von Galen waren etwas älter und die Väter beschlossen, dass einer von ihnen Jolant heiraten sollte. Also wurde die Verlobung mit einem der Söhne vereinbart und ein Dokument aufgesetzt, das beim Pfarrer in Osterfeld unterschrieben und besiegelt wurde. Man hatte vereinbart, dass sich Jolant ihren Bräutigam selbst aussuchen sollte. Bis dahin brachte man das Mädchen zur Erziehung ins Kloster Flaesheim bei Haltern.

Als Jolant nach zehn Jahren im heiratsfähigen Alter war, sollte Hochzeit gefeiert werden und die von Galen holten die Braut ab, um sie zur Burg Vondern zu geleiten. Hier hatte man bereits alle Vorbereitungen für die Hochzeit abgeschlossen und viele Gäste waren im Rittersaal versammelt, um die Entscheidung der Braut zu erwarten. Sicherlich war dies eine schwierige Entscheidung gewesen, denn die junge Dame hatte nur wenig Zeit, um die beiden jungen Herren kennenzulernen. Jolant ging zu dem Älteren der beiden Galen Johann und verneigte sich kurz. Überglücklich, dass

*Die im 13. Jahrhundert erstmals urkundlich erwähnte Burg Vondern in Oberhausen.*

er der Auserwählte zu sein schien, hob er das Mädchen in die Luft und küsste es zart auf beide Wangen. Traurig und einsam stand der jüngere Bruder Dietrich im Hintergrund, als Jolant sich ihm plötzlich zuwendete, hinübereilte und ihn leidenschaftlich küsste, wobei ihr die Tränen die Wangen herunterrollten. Johann war daraufhin entrüstet, zog sein Schwert und forderte den Bruder zum Kampf. Doch da trat der Burgherr dazwischen und rief: „Zur Waghalsbrücke! Wir wollen feststellen, ob die beiden schon vorher heimliche Liebesleute waren. Ein Gang über die Brücke wird uns Gewissheit geben und den Verdacht bestätigen oder aus der Welt schaffen!"

Als die Braut dies hörte, wurde sie ohnmächtig, denn seit dem Tod ihrer Mutter hasste sie die Holzbrücke über die Emscher. Das Mädchen wurde in ihr Gemach getragen, nur von ihrer alten Magd behütet, während die Hochzeitsgäste, in zwei Parteien gespalten, heftig über die Entscheidung des Burgherrn stritten, ob denn unbedingt ein Gottesurteil über die Zukunft des jungen Paares entscheiden sollte.

Als Jolant aufwachte, musste ihr die Magd erzählen, wie es zum Tod der Mutter an der Brücke gekommen war. Um ihre Unschuld zu beweisen, wollte sie den Vater strafen, genau wie ihre Mutter es getan hatte, und über die Waghalsbrücke in den Emscherbruch gehen.

Die Magd erschrak über dieses Vorhaben, eilte hinunter in den Saal und berichtete den Anwesenden über das Verschwinden des Mädchens und ihrem wahrscheinlichen Ziel, den Emscherbruch. Dietrich nahm sein Schwert und eilte über die Brücke zum Schloss des Zauberers. Dort angekommen, stürzte er in den Festsaal, wo unter einer riesigen Kuppel an Blumen geschmückten Tischen junge Paare auf Liegen ruhten. Die Mädchen waren in herrliche farbige Gewänder gehüllt, die wie Schleier ihre Körper umhüllten, edle Getränke wurden in goldene und silberne Becher gegossen, während leise Musik ertönte und herrliche Düfte den Raum erfüllten. Staunend erblickte Dietrich die nie gesehene Pracht, während der grüne Ritter majestätisch Einzug in die Halle hielt und die Anwesenden ihm freundlich zuwinkten. Unentdeckt schlich Dietrich weiter ins Schloss, bis er vor einem Eingangstor zwei Wachen entdeckte. Einen stieß er sogleich mit seinem Schwert nieder, entsetzt floh der andere. Der junge Ritter öffnete gewaltsam das Tor und fand Jolant auf einem riesigen Bett liegend.

Sofort nahm er seine Braut in den Arm und strebte mit ihr zum Eingang, als ihm der Zauberer entgegentrat. Dietrich zog behände sein Schwert und stach es dem grünen Ritter in die Brust. Dunkles Blut quoll aus der Wunde und der Zauberer sank tot zu Boden. Das junge Paar hatte just die Burg verlassen, da stürzte die von Zauberhand errichtete Burg krachend in sich zusammen und niemand folgte dem Paar. Die Wiese vor der Burg hatte sich in einen Liliengarten verwandelt, aus dem die zarten Stimmen junger Frauen zu einem Chor anschwollen und weiße Tauben in den Himmel aufstiegen. Dies mussten die Seelen aller Frauen und Mädchen sein, die der Zauberer entführt und ermordet hatte, nachdem er ihren Willen gebrochen hatte.

Vor der Waghalsbrücke wurden Dietrich und Jolant von der Hochzeitsgesellschaft empfangen und auf die Burg geführt, wo sie den Bund der Ehe eingingen. Johann aber entsagte dem Ritterstand, zog sich als Eremit zum Pilgerpfad zurück und erbaute eine Klause an der Emscher, wo er hochbetagt starb. Neben seiner Klause fand er die letzte Ruhestätte.

## Burg Vondern

Das Kirchspiel Osterfeld gehörte jahrhundertelang zum Vest Recklinghausen, wie auch die nahe gelegene Burg Vondern, die seit der politischen Neuordnung von 1815 zur Stadt Oberhausen kam. Die Stadt ließ die Burg zusammen mit deren Förderverein in den 80er- und 90er-Jahren des vorigen Jahrhunderts sanieren. Heute wird die Burg durch Konzerte, Ausstellungen und Trauungen vielfältig genutzt. Bekannt sind die im August veranstalteten Ritterspiele mit ihrem Mittelaltermarkt.

# Literatur

*AufRuhr 1225*, Katalog zur Ausstellung „Das Mittelalter an Rhein und Ruhr“, 2010.
BÜGENER, HEINZ: *Volksgeschichten, Kreis Coesfeld*, Coesfeld 1980.
BURGHARDT, WERNER: *Vestisches Lagerbuch von 1660*, Münster 1995.
DEHIO, GEORG: *Handbuch der Deutschen Kunstdenkmäler*, Westfalen, Berlin 2011.
DROSTE-HÜLSHOFF, ANNETTE VON: *Sämtliche Werke*, Berlin, Leipzig o.J.
FREILIGRATH, FERDINAND/SCHÜCKING, LEVIN: *Wanderungen durch Westphalen*, Barmen, Leipzig 1841.
FUHRMANN, HORST: *Überall ist Mittelalter*, München 1996.
FUHRMANN, HORST: *Einladung ins Mittelalter*, München 2009.
*Handbuch der Historischen Stätten NRW*, Stuttgart 2006.
HÖMBERG, ALBERT K.: *Kirchliche und weltliche Landesorganisation des südlichen Westfalens*, Münster 1965.
KLUETING, HARM: *Das Herzogtum Westfalen*, Band 1, Münster 2009.
KOEBLER, GERHARD: *Historisches Lexikon der deutschen Länder*, München 1988.
KOLLMANN, ADELHEID: *Sagen aus dem alten Vest und dem Kreis Recklinghausen*, Recklinghausen 1994.
KOPPE, WERNER: *Die Bedeutung der schiffbaren Lippe*, in: Festschrift für Hans-Georg Kirchhoff, Bochum 1990.
KUHN, ADALBERT: *Sagen, Gebräuche und Märchen aus Westfalen*, Hildesheim 1974.
METTERNICH, WOLFGANG: *Teufel, Geister und Dämonen*, Darmstadt 2011.
NIERHOFF, JOACHIM: *Wildgerichte und Jagdgeschichten*, Erfurt 2016.
NIERHOFF, JOACHIM: *Sagenhafter Hellweg*, Erfurt 2018.
NIETZSCHMANN, ERHARD: *Die Freien auf dem Lande. Ehemalige deutsche Reichsdörfer und ihre Wappen*, Wolfenbüttel 2013.
PEINE, H.-W./KNEPPE, CORNELIA: *Haus Horst im Emscherbruch*, Münster 2006.
RÖLLEKE, HEINZ: *Westfälische Sagen*, München 1981.
ROSENDORFER, HERBERT: *Deutsche Geschichte*, Band 2, München 2004.
ROTHERT, HERMANN: *Westfälische Geschichte*, Band 1–3, Gütersloh 1976.
*Sagenhafte Stätten*, Münster 1993.
SAUERMANN, DIETER: *Sagen aus Westfalen*, Husum 1981.
SCHORMANN, GERHARD: *Hexenprozesse in Deutschland*, Göttingen 1986.
SONDERMANN, DIRK: *Lippesagen*, Bottrop 2013.
SONDERMANN, DIRK: *Emschersagen*, 2. Auflage, Bottrop 2017.
WEHRHAN, KARL: *Westfälische Sagen*, Reprint von 1934, Paderborn 2011.
ZAUNERT, PAUL: *Westfälische Sagen*, Jena 1927.

# Weiterlesen unter

**Sagenhaftes Sauerland**

*Joachim Nierhoff*

978-3-95400-422-5
20,00 €

**Sagenhafter Hellweg**
Geschichten zwischen Dortmund und Lippstadt, Ahlen und Soest

*Joachim Nierhoff*

978-3-95400-848-3
20,00 €

**Sagenhafter Westerwald**
Geschichten zwischen Sieg, Lahn, Dill und Rhein

*Joachim Nierhoff*

978-3-95400-736-3
19,99 €

Wildgerichte und Jagdgeschichten aus Sauerland und Siegerland

*Joachim Nierhoff, Martha Redemann*

978-3-95400-732-5
19,99 €